本书为教育部人文社会科学研究青年基金项目"中国人力资本代际流动及其收入效应研究"（项目编号：17YJCZH094）和临沂大学博士科研启动基金的阶段性成果

THE STUDY OF
CHINA'S INTERGENERATIONAL MOBILITY OF
HUMAN CAPITAL AND ITS INCOME EFFECT

中国人力资本
代际流动及其收入效应研究

李修彪 ◎ 著

中国财经出版传媒集团
经济科学出版社
Economic Science Press

图书在版编目（CIP）数据

中国人力资本代际流动及其收入效应研究/李修彪著.
—北京：经济科学出版社，2019.8
ISBN 978 - 7 - 5218 - 0655 - 7

Ⅰ. ①中… Ⅱ. ①李… Ⅲ. ①人力资本 - 研究 - 中国
Ⅳ. ①F249. 21

中国版本图书馆 CIP 数据核字（2019）第 128577 号

责任编辑：周国强
责任校对：郑淑艳
责任印制：邱　天

中国人力资本代际流动及其收入效应研究

李修彪　著

经济科学出版社出版、发行　新华书店经销

社址：北京市海淀区阜成路甲 28 号　邮编：100142

总编部电话：010 - 88191217　发行部电话：010 - 88191522

网址：www. esp. com. cn

电子邮件：esp@ esp. com. cn

天猫网店：经济科学出版社旗舰店

网址：http://jjkxcbs. tmall. com

固安华明印业有限公司印装

710 × 1000　16 开　12 印张　200000 字

2019 年 8 月第 1 版　2019 年 8 月第 1 次印刷

ISBN 978 - 7 - 5218 - 0655 - 7　定价：62. 00 元

（图书出现印装问题，本社负责调换。电话：**010 - 88191510**）

（版权所有　侵权必究　打击盗版　举报热线：**010 - 88191661**

QQ：**2242791300**　营销中心电话：**010 - 88191537**

电子邮箱：**dbts@ esp. com. cn**）

前　　言

　　父母代人力资本和子代人力资本既表现出一定的相似性，也表现出一定的变动性。人力资本代际流动就是对这类现象的形象描述。适度的人力资本代际流动具有效率和公平方面的双重意义。一方面，在我国进行供给侧结构性改革和产业转型升级的背景下，以人力资本开发利用为核心的新经济增长方式已经成为我国经济发展的新常态，适度的人力资本代际流动有利于人力资本逐代的继承和发展下去，能够充分发挥我国人力资本强国的优势；另一方面，适度的人力资本代际流动有利于减少家庭背景对个体人力资本形成产生的负面约束，激发人们进行人力资本投资的积极性，能够为我国新型经济增长提供源源不断的高效人力资本资源。然而，近些年来，我国人力资本特别是教育人力资本不平等问题突出，家庭背景和父母教育水平等特征对子女人力资本获得的影响日益突出。与此同时，我国的收入差距呈现扩大趋势，社会结构日益趋于固化，社会底层人群通过自身努力实现向上流动仍然比较困难。这些问题都在一定程度上与人力资本代际流动有关，本书将经济学、社会学、人口学等相关理论运用到家庭人力资本代际流动性的研究上，对其流动性、途径、动机、影响因素和收入效应进行系统性的研究，从一个新的视角研究我国人力资本不平等和收入差距问题及其解决对策。

　　第一，本书以微观经济学理论为基础，将其运用到家庭内部这个"黑匣子"中，重新定义和诠释"理性人"假定，提出人力资本代际流动中的效用最大化问题和动机问题，建立人力资本代际流动模型，分析人力资本代际流动与收入差距的理论关系，从而构建人力资本代际流动的基本理论框架。并且结合我国特有的历史、文化、政策背景，对我国人力资本代际流动的一般性和特殊性进行理论分析。

第二，本书使用有序 Logit 模型法、最小二乘法和分位数回归法等方法对我国人力资本代际流动程度的总体趋势和群体差异进行全面分析和测量。实证研究表明，我国人力资本代际流动程度在近年来呈现不断减弱的趋势，这种趋势性不利于人力资本在不同人群中的均衡增长。此外，我国人力资本代际流动程度在城乡、民族和性别中存在明显差异，这种现象背后隐藏的是我国的户籍制度、教育体制和性别观念上存在一定的缺陷性。与国际上部分代表性国家相比，我国的人力资本代际流动程度并不算太低，这也说明了我国在教育、社会保障领域所实行的一系列改革政策是成功的。

第三，本书总结了父母人力资本与子女人力资本产生关联性的直接途径和间接途径，并且对直接途径和间接途径分别进行了详细的解释。同时，根据中国综合社会调查数据库（CGSS）的特征和国内外主流期刊度量人力资本的方法，从个体受教育年限的视角，对我国父母代人力资本和子代人力资本的关联性进行实证检验。此外，本书结合我国经济、社会和文化背景，分析我国父母对未成年子女进行人力资本投资的行为，发现同时具有利他动机和交换动机；同时使用中国健康与养老追踪调查数据库（CHARLS）对我国父母接受成年子女经济帮助的概率和数量进行实证分析，结果表明我国父母接受成年子女经济帮助的行为隐含着交换主义动机。综合考虑，得到我国父母对子女的人力资本投资受到利他利己的互利动机驱动。本书还通过构建有序 Logit 模型和多项 Logit 模型解释了子代在同代的人力资本分布中所处位置相对于父代所处位置发生变化的原因，即代际人力资本发生流动性的原因，实证研究结果显示父母的受教育层次、年龄、是否是党员以及孩子的年龄、性别、户口和民族都会影响人力资本代际流动性。

第四，本书对我国人力资本代际流动的收入效应，即对收入代际流动和收入差距的影响进行了实证研究。研究发现，我国人力资本代际流动是通过收入代际流动而与收入差距发生联系，并且随着人力资本代际流动程度的减弱，收入代际流动性也会减弱。本书使用国内和国际上部分国家的横截面数据分析收入代际流动性与收入差距之间的关系，结论表明代际间收入流动性与收入差距呈现反方向变动关系，这也说明"盖茨比曲线"的存在性。此外，本书还借鉴研究国家或地区间收入差距变化趋势时使用的收敛模型，来分析子代的收入差距与父代的收入差距相比时的变化趋势，并且研究人力资本代际流动在其中所发挥的作用。结论都表明，人力资本代际流动程度越小，越不利于收入差距的缩小。

第五，本书根据实证研究结论提出了相应的政策建议。包括多措并举提高教育公平程度、制定针对特殊群体的人力资本投资措施和深化相关领域的改革等方面的措施。这些政策措施的目的都是为了使我国保持一定的人力资本代际流动性，促进人力资本在不同群体的均衡增长。从而既有利于改变我国经济增长方式，也有利于在一定程度上缓解我国日益扩大的收入差距。

总之，本书从内在机制、影响因素、测量和政策等方面建立了人力资本代际流动分析的经济学研究框架，结合我国相关的微观数据库和部分国内外宏观数据库，对我国的人力资本代际流动及其收入效应进行了实证分析，根据实证分析结果提出了改善我国人力资本代际流动性的公共政策体系。然而，受到数据的限制，本书在人力资本代际流动的确切机制、最优人力资本代际流动程度的确定以及有针对性的政策建议等方面仍然存在着不足，而这些不足也是以后研究需要努力改进的地方。

目 录
CONTENTS

i

导　论

第一节　研究背景与意义

一、研究背景

改革开放四十多年来，我国实行了符合国情的社会主义市场经济体制，激发了社会活力，创造了经济增长的奇迹，但是也产生了一系列问题，其中贫富差距过大不仅成为学界关注的焦点，更是决策者继续推动改革发展所不能回避的现实问题。据世界银行估计，我国的全国基尼系数由 1982 年的 0.3 上升到 2002 年的 0.454，2018 年进一步上升到 0.474（国家统计局，2018）。总体而言，我国收入差距呈现日益扩大的趋势。与此同时，我国社会阶层之间的流动性在下降，并且逐渐固化，而且这些阶层的固化又通过代际传递给子代。2009 年，麦克思教育数据公司对 50 万大学毕业生进行了求职和工作能力调查，农民和农民工的子女未能就业的比例高达 35%，而管理层子女的这一比例为 15%；调查结果还显示，2008 届与 2009 届的毕业生中，农民和农民工子女毕业半年后的平均月薪分别在社会各阶层中排名倒数第一位和第二位。同样，中国社会科学院发布的《社会蓝皮书：2014 年中国社会形势分析与预测》指出，农村生源的毕业生月薪要低于城市生源毕业生 654 元。收入差距扩大和社会阶层固化已经成为我国社会经济发展的重大挑战。

同时，近些年来，我国人力资本特别是教育人力资本不平等现象突出。改革开放以来，我国的人力资本存量有了大幅度提高。其中，基于平均教育年限法估算的人力资本水平由 1987 年的 5.68 年上升到 2016 年的 9.52 年；基于永续盘存法估算的平均人力资本存量由 1996 年的 1476 元上升到 2010 年的 6219 元；基于终生收入法估算的人均人力资本水平由 1985 年的 2.977 万元上升到 2010 年的 15.052 万元。[①] 但是，我国人力资本不平等现象仍然比较严重，而且不平等程度下降的速度缓慢（见表 1.1）。不同收入群体和家庭背景的子女的就学和人力资本水平存在较大差异。例如，相对于城市工薪阶层和国家与社会管理阶层子女而言，农民和农民工子女接受了更少、更差的教育，人力资本积累也较低。文东茅（2006）的调查发现，在高等学校的学生中，国家与社会管理阶层的子女所占比例为 6.85%，农村子女占比为 36.15%。但是全国的人口中，国家与社会管理阶层的人数仅占 2.1%，农民人数所占比例为 55%。[②] 这意味着国家与社会管理阶层的子女接受高等教育的机会是农民子女的五倍左右。而且低收入家庭子女进入高质量、高层次院校的难度更大。杜瑞军（2007）的调查发现，重点大学的农村学生比重明显低于非重点大学。北京大学、清华大学和北京师范大学的农村学生占比分别为 16.3%（1999 年）、17.6%（2000 年）和 22.3%（2002 年），而华北煤炭学院、唐山学院的农村学生占比高达 63.3%（2003 年）。[③]

表 1.1　　　中国人口的平均受教育年限和教育基尼系数比较

分组	变量	2010 年	2012 年	2014 年	2016 年
全国	平均受教育年限（年）	8.740	8.970	9.193	9.520
	教育基尼系数	0.237	0.226	0.219	0.209
城市	平均受教育年限（年）	10.851	10.978	11.139	11.383
	教育基尼系数	0.203	0.198	0.196	0.191
城镇	平均受教育年限（年）	8.985	9.105	9.196	9.297
	教育基尼系数	0.222	0.211	0.202	0.194

① 根据历年《中国统计年鉴》《中国农村统计年鉴》《中国人口统计年鉴》《中国教育经费统计年鉴》《中国劳动统计年鉴》《中国物价及城镇居民家庭收支调查统计年鉴》计算整理而得。

② 文东茅. 家庭背景对我国高等教育机会及毕业生就业的影响 [J]. 北京大学教育评论，2005（3）：58-63.

③ 杜瑞军. 从高等教育入学机会的分配标准透视教育公平问题——对新中国 50 年普通高校招生政策的历史回顾 [J]. 高等教育研究，2007（4）：29-35.

续表

分组	变量	2010 年	2012 年	2014 年	2016 年
农村	平均受教育年限（年）	7.728	7.985	8.199	8.602
	教育基尼系数	0.231	0.217	0.210	0.202

资料来源：根据相关年份《中国人口与就业统计年鉴》整理计算而得。

人力资本是影响收入水平和收入差距的重要因素。我国收入差距日益扩大的原因很多，但人力资本不平等是其中的重要原因，而人力资本不平等与人力资本代际流动存在较大关系。收入差距、阶层固化、人力资本不平等与人力资本代际流动有着紧密的联系。例如，艾德和肖瓦尔特（Eide & Showalter，1999）把人力资本纳入回归方程后，发现家庭收入的回归系数降低了 50%，表明人力资本能够解释很大一部分代际收入的相关性。[1] 郭丛斌和闵维方（2007）也明确指出，人力资本作为一种重要的代际流动机制，有利于促进弱势群体子女实现经济社会地位的提升，具有促进代际流动的较强功能。[2] 而且更为重要的，人力资本是可以通过自己把握，政府也可以施加影响的改善阶层、收入固化及其向子代传递的重要途径。因此，研究人力资本代际流动及其收入效应具有重要的理论意义和现实意义。

二、研究意义

本书的理论意义表现在：虽然 20 世纪 60 年代，贝克尔（Becker，1967）和舒尔茨（Schultz，1969）曾经使用经济学理论来分析人力资本代际流动现象，但是国内在这一领域的理论研究和实证研究成果并不多。本书把经济学理论运用到家庭内部领域，从家庭角度研究人力资本在父母和子女之间的流动，综合运用经济学、社会学、人口学和管理学等多学科的相关理论，构建了人力资本代际流动的理论分析框架。

目前，我国既要转变传统的粗放型经济增长方式，调整产业结构，提高经济发展的质量；又要扭转收入差距过大的现状，增加社会财富分配的公平

---

[1] 本书选用教育指标法来度量人力资本，所以这里的人力资本代表的含义是教育人力资本。

[2] 郭丛斌，闵维方. 中国城镇居民教育与收入代际流动的关系研究 [J]. 教育研究，2007（5）：3–14.

性。转变经济增长方式要求经济增长要由过去主要依赖物质资本向主要依赖人力资本转变，从而凸显了人力资本在经济增长过程中的重要作用；收入差距虽然反映了收入分布的不均衡，但隐藏在背后的是人力资本不平等问题。在这样的经济、社会背景下，本书的研究具有非常重要的现实意义。

（1）收入差距问题是我国收入分配领域存在的顽疾，严重影响公众的公平感和幸福度。本书的研究既揭示了人力资本代际流动的机制，又提出了有针对性的对策来适度提高我国人力资本代际流动性。因为人力资本代际流动性的提高有利于改善收入分配的格局，缓解因收入差距扩大带来的一系列社会问题。此外，针对不同群体人力资本代际流动性的分析，有助于找出它们之间的共同性与差异性，从而可以制定差异性政策，以降低人力资本的不平等。从这个角度讲，本书研究对于改善我国收入分配状况具有一定的现实意义。

（2）与发达国家相比，我国人力资本水平比较低，不断提高人力资本水平是我国社会经济发展的必然要求。本书对人力资本代际流动途径、动机和影响因素的研究能够从"家庭"的角度揭示个体人力资本积累的过程和人力资本代际流动过程，这将有利于从微观把握我国个体人力资本积累的机制，从而采取有效的措施提高人力资本积累的效率。所以，本书研究对于提高我国人力资本存量，从而改变我国主要依赖物质资本投资和出口贸易为支撑的经济增长方式，和我国经济结构的调整、产业升级、持续增长以及成功跨越"中等收入陷阱"具有重要的现实意义。

（3）我国家庭自古以来就有"望子成龙"的传统观念，本书研究揭示了父母代人力资本"传递"给子女的途径、动机和影响因素。所以，从家庭角度来讲，本书研究对于促进子女人力资本积累、提高对子女人力资本投资的效率具有重要的现实意义。

第二节　研究思路与内容

一、研究思路

本书主要研究四个方面的问题：第一，我国人力资本代际流动的现状是什么，近年来的整体趋势性和群体差异性呈现何种特征？第二，我国人力资本代际流动背后的途径、动机和影响因素是什么？第三，我国人力资本代际流动产生了什么样的收入分配效应？第四，如何改善我国人力资本代际流动性？

图 1.1 描述了本文各个部分之间的关联性。

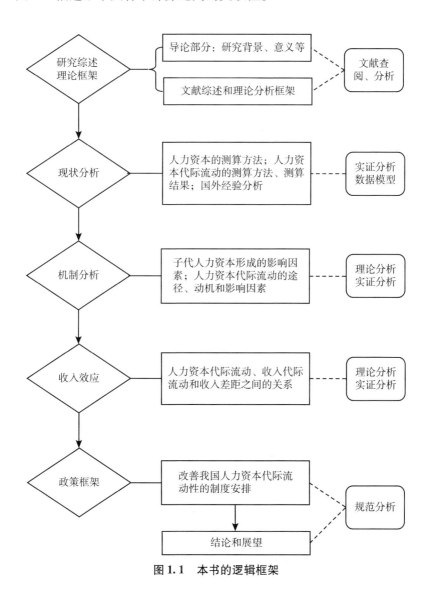

图 1.1　本书的逻辑框架

二、研究内容

本书的研究内容是围绕着人力资本代际流动展开的，比较系统地剖析人力资本代际流动这一经济社会现象，包括人力资本代际流动的现状、内在机制以及所产生的收入效应，包括三部分共八章内容。

第一部分包括第一章、第二章和第三章，主要是全书的理论部分。这一部分主要介绍人力资本代际流动的研究背景、意义、思路、方法、实证研究的数据来源和创新点等，对与本书研究主题相关的国内外文献进行述评，同时对本书中所涉及的几个核心概念的外延和内涵进行界定，构建人力资本代际流动的理论模型，从理论上对人力资本代际流动的过程、途径、动机与收入效应进行分析。

第二部分包括第四章、第五章和第六章，是全书的实证部分。其中，第四章使用多年微观数据，综合利用多种计量分析方法，从整体、分城乡、分性别、分民族和分人力资本层次等方面分析了我国人力资本代际流动的现状。第五章揭示人力资本代际流动的内在机制，分别从途径、动机、影响因素等角度来分析问题。对于动机的分析既有理论上的分析，也有实证上的分析，而且还结合了我国的国情。本书把人力资本代际流动途径分为直接途径和间接途径两种，并且从家庭背景和社会背景中寻找影响人力资本代际流动的因素。第六章研究人力资本代际流动与收入差距之间的关系，以"收入代际流动性"为纽带研究了两者之间的关系，同时对"人力资本代际流动"与"代际间收入相对差距的变动"之间的关系进行了实证研究。

第三部分包括第七章和第八章，这是本书的结尾部分。本部分主要结合前面的理论研究和实证研究，提出改善我国人力资本代际流动性的相关政策建议。另外，本部分还对本书研究的结论、不足，以及未来研究展望进行了总结。

第三节　研究方法与数据来源

一、研究方法

本书以实证为主，比较系统地实证研究我国人力资本代际流动的现状、机制以及收入效应。在研究过程中，主要使用以下的几种方法来分析问题。

（1）实证分析与规范分析相结合的方法。本书综合使用有序 Logit 模型、多项 Logit 模型、最小二乘法及分位数回归法来测算我国人力资本代际流动的程度、动机、影响因素以及收入效应。本书用规范分析方法来研究改善我国人力资本代际流动性的相关政策。

（2）比较分析法。比较分析法是实证研究中经常使用的一种研究方法，通过比较不同样本的差异性，可以揭示隐藏在问题背后的规律性。本书在测算各类群体人力资本代际弹性的基础上，对人力资本代际弹性分别进行性别、民族、城乡方面的比较，并分析不同群体差异性的原因。通过分析差异性的原因，可以揭示性别、民族、城乡等因素在人力资本代际流动中的重要意义。

（3）数据模型法。本书在对我国人力资本代际流动的现状、内在机制以及人力资本代际流动的收入效应分析中，分别构建了具体的实证研究模型。

二、数据来源

本书实证分析所采用的数据以中国综合社会调查数据（CGSS）和中国健康与养老追踪调查（CHARLS）为主。宏观经济数据主要来源于历年《中国统计年鉴》《新中国六十年统计资料汇编》《中国人口统计年鉴》《中国人口就业与统计年鉴》等。在进行国外的经验分析时所使用的数据主要来源于国际机构（包括网站）所公布的数据。下面将对主要数据库的特点和实证研究的用途进行介绍。

（1）中国综合社会调查数据（CGSS）始于 2003 年，是中国人民大学与香港科技大学联合开展的一项全国性、综合性的社会调查。该项社会调查涵盖了被调查者的教育、职业、收入、价值观念、家庭成员的情况等诸多信息，完全能够用来分析我国人力资本代际流动的状况，而且中国综合社会调查数据是一个系列数据库，所以能够用来分析我国人力资本代际流动程度的变动趋势。特别指出的是，中国综合社会调查数据（2006）还调查了父代人和子代人的收入状况，这在我国现有的微观数据库中是非常难得的，本文以此来分析人力资本代际流动与收入代际流动性之间的关系。

（2）中国健康与养老追踪调查数据库（CHARLS）调查的对象是 45 岁及

以上的中老年人，调查内容很详细，包括受访问者及其家庭的基本信息、收入状况以及父母接受成年子女的经济帮助等。本书感兴趣的调查内容正是父母接受成年子女的经济帮助。根据这项调查内容，可以分析父母接受成年子女经济帮助的行为，并且通过构建概率方程和数量方程来分析我国父母接受成年子女经济帮助的行为中隐含的动机。另外，本书还使用中国健康与养老追踪调查（CHARLS）分析了我国人力资本代际流动的影响因素。

（3）本书在实证研究中使用了部分国家的基尼系数，这些国家的基尼系数来源于世界银行网站①；本书中关于各个国家代际间收入传递弹性的数据来源于国际杂志上研究"代际间收入传递弹性国际比较"的相关文献，由国外知名学者计算得到的数据；另外，本书在进行分析经济合作与发展组织成员国的代际间传递弹性与基尼系数的相关性时，所使用的数据库是国际成人测评项目（PIAAC），该项目是 OECD 的三大国际教育测试之一，数据来源于经济合作与发展组织的网站②。

第四节　创新之处与不足

一、创新点

与以往的国内外研究文献相比，本书在以下方面具有创新性：

（1）本书从人力资本代际流动的概念、基本模型、与收入差距的理论关系等方面构建了人力资本代际流动的理论分析框架。

（2）针对我国人力资本代际流动的程度和内在机制的实证研究较少，本书结合中国社会的实际情况，运用可获得的微观数据库，对我国人力资本代际流动的整体趋势、群体差异性进行了全面测算与分析。本书分别从途径、动机和影响因素等方面实证研究了我国人力资本代际流动的内在机制，以往绝大部分的文献都使用描述性的形式。

---

① http：//www. worldbank. org. cn/.
② http：//www. oecd. org/site/piaac/.

（3）目前，国内鲜有文献对我国人力资本代际流动和收入差距之间的关系进行实证研究，本书通过理论和实证分析了人力资本代际流动的收入效应。

二、本书的不足

由于受到数据获得限制，本书使用平均受教育年限作为人力资本的替代指标，而人力资本不仅包括教育，而且包括健康、工作经验、工作技能和迁移等多种因素，所以仅用教育来度量人力资本并不完整，如果能够设定一个可行的综合性人力资本指标，那么实证研究结论会更加具有说服力。此外，同样受到数据与计量方法的局限性，关于人力资本代际流动性与收入差距之间的直接确切关系没有得到较好的分析和梳理。

第二章

相关文献综述

第一节　人力资本代际流动机制的研究

代际流动问题的研究起初是估计父母和子女的职业、收入和教育等之间的相关系数或弹性。众多国家的研究者均证实教育程度较高的父母往往有教育程度较高的子女。随着研究的不断深入，学术界越来越关注这种相关性背后的影响机制。也就是说什么因素促成了人力资本的代际流动。关于这一问题的解释，国内外学者都做过一些研究。有的学者从理论角度解释父母对子女进行人力资本投资的动机，有的学者则从实证角度来检验某些国家或地区人力资本代际流动的动机和途径，下面分别对这些研究进行总结。

一、人力资本代际流动动机的研究

在人力资本代际流动动机的分析上，贝克尔（Becker，1991）强调了利他主义动机，他认为父母对子女进行人力资本投资时考虑的是子女未来的幸福和福利。贝克尔（Becker，1991）又根据动机的性质不同，把利他主义动机分为纯粹的利他主义动机和有限的利他主义动机；前者是指父母仅考虑孩子的福利而不关心自己的投入和回报，后者是指父母培养子女的同时自己会获得一种幸福和快乐。考克斯（Cox，1987）、考特利克夫和莫理斯（Kotlikoff & Morris，1989）也分析了父母的利他主义动机，并认为在利他主义动机的驱动下，父母的效用因子女未来的效用而得到增值。只要子女未来消费的边际效用大于父母当前消费的边际效用，代际流动行为就会发生。除了理论上分析人力资本代际流动的动机外，国外学者也从实证角度对其进行了分析。考克斯（Cox，1987）、考克斯和兰克（Cox & Rank，1992）发现代际转移数量与接受者的租金高度正相关，因此拒绝承认利他主义是促使人力资本代际流动的动机。麦加里和舍尼（Mcgarry & Schoeni，1995）、安尼迪和卡安（Ioannides & Kan，2010）则证明了代际转移数量与赠予者的租金高度正相关，因此认为利他主义动机是存在的。卢卡斯和斯塔克（Lucas & Stark，1985）认为是两种动机的共同作用促使了人力资本代际转移，并认为此观点更具有合理性。贝克尔（Becker，1979）和托马斯（Tomes，1986）建立了代表性家庭的人力资本代际流动的模型，他们将禀赋的代际流动描述为一个马尔可夫流程，其中子代对父母代禀赋继承的程度介于 0～1 之间。针对我国特殊的社会、经济、文化背景，国内学者也分析了我国人力资本代际流动的机制。钟笑寒（1998）分析了资源代际转移的机制，构建了代际转移机制的宏观和微观的理论模型，同时认为人力资本代际转移机制也同样符合于这一作用机制，并认为代际转移是以家庭作为基础。池丽萍和俞国良（2011）从资本和沟通的视角分析了教育成就的代际转移机制。从资本视角来看，教育成就的代际转移既是文化再生产过程，也是将经济资本和社会资本转化为升学、教育机会的过程，其本质是家庭资本的配置过程；从沟通视角来看，各种资本对教育成就的影响都需要亲子沟通和家校沟通的具体参与。此外，"沟通"视角联结社会现象与个体的成长过程，从而揭示了教育成就代际转移的人文途径。由于父母对子女的人力资本投资属于家庭亲子间转移行为领域的范畴，所以家庭亲子间转移行为的关系模式影响着父母对子女人力资本投资的动机。费孝通（1985）把我国家庭亲子间的关系描述成一种"抚育—赡养"型的关系；与大部分西方国家不同的是，我国亲子关系是一种"反馈模式"。郭于华（2001）在费孝通的基础上，认为我国家庭亲子关系在某种程度上是一种交换关系，这种交换既有经济方面的交换，也有情感方面的交换。王跃升（2008）则认为我国家庭亲子间的关系既存在着抚养—赡养的关系形式，也存在着一种交换关系。他认为无论是抚养关系还是赡养关系都不能看成是一种严格意义上的交换关系，而且家庭亲子间的交换关系仅发生在成年子女与壮年父母之间。

二、人力资本代际流动途径的研究

贝克尔（Becker，1979）和托马斯（Tomes，1986）通过构建人力资本代际转移模型分析了人力资本代际转移的两个基本途径：一是基因遗传；二是对子女的人力资本投资。陶布曼（Taubman，1976）研究了在相同家庭环境中成长的兄弟姐妹的教育成就，结论显示基因的差异对他们教育成就差异性的解释度为 16% ~ 23% 。普拉格和维哥沃伯格（Plug & Vigverberg，2003）认为 70% ~75% 的能力因素（与教育成就相关）归因于基因的影响。布朗等（Brown et al.，2009）的研究发现子女在儿童时期的算术、读写能力与其父母在相同时期的该方面能力高度相关。西尔克等（Silke et al.，2010）认为认知能力存在着代际传递转移（intergenerational transmission）。其中，父亲对儿子编码能力的影响强于母亲对女儿编码能力的影响。除此之外，母亲对子女其他认知能力的影响要高于父亲。贝克尔（Becker，1991）把父母对子女的人力资本投资分为物质投入和时间投入两个组成部分。父母花在抚育子女上的时间也是一种代际转移行为，因为这部分时间投入存在机会成本，同时也是对市场行为（如儿童照料服务）的一种替代，并且这种时间的代际转移促进了子女在未来形成更高的人力资本积累（Leibowitz，1974，1977；Han，Waldfogel & Brooks – Gunn，2001）。伊格纳西奥、吉梅内斯（Ignacio & Gimenez – Nadal，2011）利用欧洲五国关于时间分配的研究调查数据，对父母受教育程度与照护儿童时间的相关性进行了研究，得到了不完全一致的实证结论，较低教育程度的父母会随着家庭收入的增加而减少照料子女的时间，较高教育程度的父母会随着家庭收入的增加而增加照料子女的时间。

第二节　人力资本代际流动影响因素的研究

一、家庭背景对人力资本代际流动的影响

大量实证研究证实受过良好教育的父母会有更高教育成就的子女。然而，

已有研究在父亲教育程度与母亲教育程度分别对子女教育水平的影响强度上存在分歧。有的研究证实父亲对子女的影响更大，有的研究则证实母亲的影响更大。另外，也有学者研究不同性别子女受教育水平对父母教育水平的依赖程度的差异性。这方面的研究是人力资本代际流动的相关研究中最多的，有不同国家和地区间的比较研究。这里的家庭背景除了包括父母的教育水平以外，还包括父母的职业、收入、户籍等因素。下面将对这方面的国外和国内文献进行总结。

沙拉达·韦尔（Weir，2000）利用埃塞俄比亚的农村家庭调查数据和教育抽样调查数据分别研究了两种类型的教育外部性：父母教育的外部性与邻居教育的外部性。父母和邻居的教育程度均会通过入学率及入学年龄来影响子女的教育水平。进一步的研究发现，母亲的教育程度会影响自身的教育观念和在家庭中的话语权。随着母亲教育水平的提高，其对教育重要作用的认识更加深刻，同时提高在家庭中的地位，会将孩子送入学校而不是过早地让孩子进入劳动力市场，从而提高孩子的受教育程度，尤其在男童身上体现得更明显。此外，邻居家的女性的教育程度也会对周围儿童的入学率和入学年龄产生积极影响。贝尔曼和罗森茨魏希（Behrman & Rosenzweig，2001）利用明尼苏达州双胞胎登记处（MTR）的双胞胎登记数据对母亲教育程度与子女教育程度的关联性进行实证研究。研究证实：因为没有剔除遗传基因与选择性婚姻等因素，导致母亲教育水平对子女教育水平的影响程度被高估了。珍妮特·柯里和恩里克·莫雷迪（Currie & Moretti，2002）利用美国在 1970 ~ 1999 年出生的个体统计数据，运用最小二乘估计（OLS）和工具变量（IV）估计两种方法分别研究了母亲的受教育程度和婴幼儿健康的关系，得到了基本一致的结论。结论显示，在此前的 30 多年间，母亲受教育年限的提高对婴幼儿人力资本的积累产生了巨大的积极影响。母亲受教育年限每提高 1 年，低体重婴儿的出生率会降低 10%，早产儿的出生率会降低 6%，这一改进看似微不足道，却会为此而节省近 55 亿 ~ 60 亿美元的花费，这些费用用于低体重婴儿和早产儿在健康、教育和其他成本上的额外开支。这种积极的效应主要通过三个机制来发挥作用：一是行为改变机制。教育改变了母亲在孕期的行为，接受四年大学教育的母亲的吸烟概率（在孕期）比高中学历的母亲减少 30% 以上，定期产前检查的概率也有了大幅提高，这些行为对出生婴儿的健康提升有积极的影响。二是收入机制。高教育程度的母亲通常从事稳定和高收入的工作，从而能够改善家庭的预算支出，在健康、教育等人力资本投资上有更高的花费额。三是婚姻市场机制。教育程度的提高会相应提高女性在婚姻市场选择的预期，既提高了结婚的概率（女性受教育年数每提高一年，结婚的概率提高 1%），另外，婚姻市场的教育匹配机制会促使高教育程度的女性选择同样高教育程度的男性（女性受教育年数每提高 1 年，其丈夫的教育年数提高 0.6 年），从而提升了家庭总量人力资本，降低了预期的生育率，会更关注于子女的质量而不是数量。普拉格（Plug，2004）利用美国威斯康星追踪调查（WLS）数据研究父母教育对孩子教育的影响，同时使用被收养孩子的样本来消除由父母基因产生的固定效应的影响。实证研究发现：遗传因素（尤其母亲）和选择性婚姻对代际教育传递发挥重要的作用，被收养孩子的教育不受其养母教育水平的影响，而受其养父教育水平的影响。杰姆斯·麦金托什和马丁·蒙克（Mcintosh & Munk，2007）使用来自丹麦的调查数据对比分析了孩子自身的学习能力和家庭背景两个变量在决定子女教育成就方面的作用。结果显示，父母的教育程度、职业和学习能力（使用相关态度测试指标衡量）对孩子教育成就的影响力虽然不高，但是显著性很强。与孩子自身的学习能力相比较而言，家庭背景因素起到了更加显著的作用。此外，资本市场的信贷约束似乎不构成影响教育成就的潜在因素。乔纳森·古兰和埃里克·赫斯特（Guryan & Hurst，2008）利用近期美国人时间分配调查数据（ATUS）来研究美国的父母对子女的时间投资。实证研究表明：父母对子女时间投资的数量以及效率与父母的受教育程度密切相关，父母的受教育程度越高，其陪同孩子的时间越多，而且较高教育程度父母的子女更乐意父母的陪同，所以这些父母对孩子时间投资数量与质量就越高。此外，对另外 13 个国家的实证研究也得到同样的结论。具体而言，包括美国在内的 14 个国家，相比高中教育程度与更低教育程度的母亲，大学教育程度的母亲每周花费在陪同孩子上的时间要多 4.5 个小时。该研究同时指出，父母对孩子的时间投资有利于孩子人力资本的积累。杰姆斯·麦金托什（Mcintosh，2010）的研究认为对于年轻一代的加拿大人来说，他们的教育成就与家庭背景的相关性并不强，也就是说，家庭背景对年轻一代的加拿大人教育成就的影响不明显，这一研究结论与以往的研究结论存在着较大的差异。原因在于过去的五十年里，加拿大政府实施了大量的助学贷款项目并大幅度降低了大学的学费，这些措施的实施持续提高了年轻一代的教育成就，降低了家庭背景对子女教育成就的影响。从而对于低收入家庭的子女和父母教育程度不高的子女而言，获得大专以上的教育成就变得容易。由此可见，家庭背景虽然还是影响人们的教育成就的重要因素，但对年轻一代来的影响力已经大幅降低。普龙扎托（Pronzato，2010）利用挪威同卵双胞胎与异卵双胞胎的统计数据，运用 OLS 估计方法研究父母教育水平对双胞胎子女教育水平的影响，并与以往学者的研究结论进行了对比。基于全样本的研究证实父亲的教育程度对其子女教育成就的影响程度更强，母亲教育程度对其子女教育成就的影响相对较弱，两者都是显著的。当把全样本分为高教育程度的父母与低教育程度的父母两个子样本时，结论出现了不一致。当研究对象为高教育水平的父母时，父亲的教育水平对其子女教育水平有积极影响，反之，母亲的教育水平对其子女教育水平有积极影响。里普哈和谢弗德克（Riphahn & Schieferdecker，2012）应用德国社会经济面板（SOEP）数据，试图以德国为背景研究父母收入与子女大学教育成就之间的相关性。研究构建了大学教育的决定因素模型，模型包括父母的教育程度、父母的收入、子女的性别、子女自身的能力、样本所在地区的固定效应和时间固定效应等因素；但没有控制成本变量和收益变量，因为大学教育的成本与收益通常具有内生性，且不易观测。研究使用完全信息下的极大似然 Probit 估计方法来估计参数。结果显示，在控制了子女自身的能力后，父母收入是影响子女获得大学教育的最重要因素，随着父母收入提高，子女获得大学教育的概率也显著提高，而父母是否接受过大学教育对子女是否是大学毕业生的影响并不显著。但是，随着时间的推移，父母收入对子女是否接受大学教育的影响在逐渐减弱。此外，根据德国西部与东部的对比研究得出以下结论：父母收入对子女大学教育的影响程度中，对西部男性的影响大于女性，因为在全部样本中，一旦考虑了选择修正因素，父母教育对女性的积极效应就消失了。从总体上来看，父母收入对子女大学教育的影响在德国东、西部存在微小差异。由于历史发展的原因，西部的家庭收入相对高于东部。这一结论可以进一步拓展：在低收入家庭中，收入是影响教育成就的主要因素；而在高收入家庭，收入对教育成就的影响往往会减弱。科尔曼（Coleman，1988）将社会资本作为一个潜在的影响受教育程度的因素。社会资本也可被视为家庭背景的一部分，与子女的教育成就存在相关性。社会资本可以理解为父母或其他家庭成员对孩子成长所花费的时间或其他的支持形式，这些支持有助于子女获得更高的人力资本积累。

国内学者李春玲（2003）认为自新中国成立以来，并以1978年为界线，教育机会的分配经历了一个"极度不平等—平等—不平等"的演变过程。1980年后，家庭背景及制度因素对教育机会及最终教育获得的影响力在不断上升。因此，其认为政府的相关政策以及社会观念意识形态的变化均对教育机会分配的公平性有着显著的影响。刘志国和范亚静（2013）认为父代的学历、职业，子代的户口类型、居住的区域、年龄、家庭中的排次等因素都影响到子女的受教育程度。总体表现为教育代际流动性在下降，这是教育不公平的重要表现。为此，需打破户籍制度的限制，实现优质教育的均衡配置，提高教育代际流动性，给中下阶层群众提供更多的公平接受教育的机会。郭丛斌和闵维方（2006）从教育经济学的角度，分析了我国城镇社会的家庭文化资本与经济资本对子女教育机会获得的影响。分析认为：我国城镇优势社会阶层的家庭文化资本和经济资本的占有量较高，使得该阶层的子女接受高等教育的比例最高；而社会劣势阶层的子女接受中等教育和初等教育的比例最高。郭丛斌和闵维方（2009）引入结构方程模型（SEM）对当代中国城镇居民教育获得与代际流动的关系进行的实证研究发现：子女社会地位的获得更多地取决于教育这一后致性因素，家庭背景等先赋性因素对子女社会地位获得的影响力在逐渐减弱，因此得出教育促进代际流动的功能在增强。齐亚强和牛建林（2012）利用2006年中国综合社会调查数据（CGSS），对我国的教育代际流动进行了比较分析。研究发现，子代对父母中最高受教育程度者的传承程度较强，此外，代际教育程度之间也存在对称性流动。在不同历史时期、不同地域之间，教育代际传承效应的强度存在明显的差异。同时，家庭社会资本等因素也在一定程度上影响着教育代际关系的强弱。

二、迁移对人力资本代际流动的影响

随着经济全球化步伐的加快，民众的迁移行为在不同地区间乃至不同国家间变得越来越普遍，尤其在欧美等发达国家，移民的数量在逐年攀升，移民问题已经成为一个重要的社会现象。对于我们研究的人力资本代际流动问题，是否在移民群体和本地人群体之间存在不同的特征呢？移民群体子女的人力资本除了受到父母人力资本水平的影响外，是否还会受到父母移民身份的影响呢？下面的这些文献就是对迁移在人力资本代际流动的影响进行的实证研究。

德加吉克（Djajic，2003）就移民同化问题与第二代移民人力资本积累的关系进行了探索性研究。移民同化程度的测算指标有多种，例如，收入水平、人力资本、职业地位、消费模式、社会习俗、价值观、语言、家庭关系和子女教育成就等多种维度。其中，有些维度比较容易实现同化，如二代移民在语言、消费模式和教育等方面会很快地融入东道国；而有些维度则不容易实现同化，如收入水平、家庭关系、职业地位等，这些因素会成为二代移民人力资本积累的障碍；另外一些维度（如社会习俗、价值观和态度等）则不必要实现同化，只要社会具有多元文化的包容性，这些维度并不会影响人力资本的积累。研究显示，移民同化的速度有利于二代移民的人力资本积累；反过来，二代移民的人力资本积累也促进了移民同化的速度，从而为东道国的经济发展提供了高效的劳动力资源，有利于东道国的经济发展。鲍尔和瑞帕汉（Bauer & Riphahn，2006）应用瑞士 2000 年的人口统计数据比较了外国移民和瑞士本地人的教育成就及其代际转移的异同性。实证结果表明，第二代移民的教育成就显著高于本地人。在瑞士本国人中，高教育程度父母的孩子获得高等教育成就的概率是低教育程度父母的孩子的八倍；对于移民群体而言，这一比值仅为 2.5，这说明外国移民父母的教育背景对其子女教育成就的影响显著低于本国人。但是在移民群体中，不同群体之间的教育成就代际转移存在着差异性，对于母语为土耳其语、葡萄牙语和南斯拉夫语的群体而言，其子女的人力资本积累过程是最弱势的。对于年轻一代的移民来说，他们被同化到瑞士社会的程度与他们接受的教育程度存在高度的相关性。此外，对本国人和外国移民而言，教育代际转移的共同影响因素是居住地区，居住在意大利语区的子女的教育成就普遍高于居住在德语区的子女的教育成就。大卫·麦肯兹和希勒尔·拉波伯特（McKenzie & Rapoport，2011）对移居美国的墨西哥农民的研究发现：移民行为对其子女教育成就具有负面的影响，移民家庭子女的高中入学率低于墨西哥本国居民的水平。原因主要在于：一方面，美国的劳动力报酬显著高于墨西哥，而移民是以获得高经济收入作为主要目的，移民家庭的父母更愿意追逐短期的经济利益而放弃对子女的长期人力资本投资，移民家庭的子女会因此失去人力资本投资的最佳时机；另一方面，墨西哥农民移居美国基本上属于非法移民，根本无法在美国获得较好的职业机会和教育机会，这进一步对移民子女的人力资本积累产生负向约束。

三、种族对人力资本代际流动的影响

通常而言，一个国家是由很多个民族构成的。不同的民族之间在文化、语言、历史或宗教等方面存在着差异性。这些差异性往往会对人们的人力资本形成产生一定的影响，所以有些学者就民族在代际人力资本传递过程中扮演的角色进行了研究，得到了很多有现实意义的结论。

布拉德利和盖伊（Bradley & Nguyen，2004）认为，虽然少数民族群体总体大学入学率低于白人群体，但是在其他条件不变的情况下，完成中等教育的少数民族年轻人比白人更倾向于完成大学教育。尼穆博纳和蒂斯俄（Nimubona & Vencatachellum，2007）使用来自南非的家庭调查数据来研究黑人与白人群体在人力资本代际流动上的差异，并特别研究了以前的研究中未被观察到的社区特征对下一代人力资本积累的影响。基于 OLS 和 Pseudo-panel 的估计结果均显示孩子的教育成就与父母的教育成就存在高度正相关。在白人群体和黑人群体之间，白人的教育代际传递高于黑人。在黑人群体的男性和女性之间，存在男性人力资本低于女性人力资本的情况，而且男性的教育代际传递能力也低于女性，这种情况异于其他发展中国家，是南非所独有的现象。这主要由于矿工是南非黑人的传统职业，矿工是高度依赖体力而非教育程度的职业，成年黑人男子通常放弃接受更高层次的教育而直接进入劳动力市场；相比而言，女性获得了更多的教育，从事需要更高工作技能的服务业。此外，无论黑人还是白人，农村居民的人力资本积累水平都显著低于城镇居民，黑人群体表现得更为严重。

四、社会体制对人力资本代际流动的影响

目前世界上的国家和地区所实行的社会体制主要有市场经济体制和计划

经济体制。虽然大部分的代际间人力资本转移的研究是在市场经济体制的背景下进行的，但是有的研究是在社会主义计划经济体制及向市场经济体制转型的背景下进行的。此外，公共政策也会对代际间人力资本转移产生影响。下面将对相关代表性的文献进行综述。

桑德拉·E. 布莱克和保罗·J. 德韦罗（Black & Devereux，2003）应用挪威 1961～1972 年的义务教育改革作为工具变量来研究父母的教育对其子女教育成就的影响，这项义务教育改革使青少年多接受两年的学校教育。研究发现只有研究样本选择低教育程度的父母时，结论才会显著，即低教育程度父母的子女的人力资本积累水平更容易受教育政策的影响，并且母亲的教育成就对子女教育成就有显著的正向影响，而父亲的影响则不显著。哈赞和特拉波尼科娃（Hazans & Trapeznikova，2008）应用来自波罗的海三个国家（爱沙尼亚、拉脱维亚、立陶宛）的数据来分析在社会主义体制及转型过程中家庭背景因素对教育成就的影响，并且试图分析一个国家的少数民族群体的教育决策和产出是否明显区别于主体民族。研究结论发现，无论是在苏联时代还是过渡时期，父母（尤其是母亲）的教育程度积极影响着子女选择进入和完成中高等教育的倾向。母亲的影响效应接近于发达国家的水平，而父亲的影响效应则比较弱。在这些国家向市场经济体制转变的过程中，相关证据表明母亲的影响效应在主体民族中减弱了，而在少数民族群体中正好相反。佩罗蒂（Perotti，1993）提出在不同条件下收入不均等对人力资本积累的影响不同：当教育费用相对于人均收入较高时，收入不均等有利于人力资本的积累；反之，则收入不均等不利于人力资本的积累。

第三节 人力资本代际流动的经济社会效应研究

人力资本代际流动并非一个单独的经济社会现象，它必定会对其他的经济社会现象产生一定的影响。由于人力资本是收入的重要决定因素，所以人力资本代际流动会对收入代际流动产生一定的影响。国内外学者也对相关的问题进行了实证研究，下面是对这些实证研究的综述。

雷斯图恰和乌鲁希亚（Restuccia & Urrutia，2004）通过构建人力资本和收入差异的代际转移计量经济模型，指出美国代际收入转移中的50%以及子女永久性收入中的25%由父母对子女的教育投资决定，初等教育的投资在代际收入转移中的作用更加显著，而大学教育的投资在永久性收入差异方面的作用更加显著。威伦和海恩达（Willen & Hendel，2005）认为人力资本代际转移是导致不平等代际传递的主要原因，并且认为阶层和职业的代际传递是这一现象产生的最直接原因。人力资本代际转移会导致社会经济不平等。在劳动力市场信息不完全和信息不对称的情况下，受教育水平成为衡量个人能力的最重要指标，受教育水平的不同不仅会导致当代人的不平等，而且会导致不平等的代际传递。朗和菲瑞（Long & Ferrie，2007）从国际比较的角度研究表明，美国、英国都存在一定的职业和收入的代际传递效应，但美国的职业代际传递效应要小于英国，原因在于美国提供了更广泛的公共教育，并且美国的人口流动性更大。伽罗和特斯（Galor & Tsiddon，1997）认为：初始的收入分配越平等，将会有更多的个体进行人力资本投资，从而提高经济增长效率和速度。人力资本的不平等会导致收入差距的扩大，进而影响人力资本积累，并最终不利于经济增长的效率。这意味着收入差距的扩大不利于人力资本的积累，进而不利于经济增长。盖勒和马武（Galor & Moav，2007）认为：工业化初期收入不平等有利于经济发展，而工业化后期，由于收入不平等不利于人力资本积累，从而不利于经济发展。克利芒和多梅内奇（Climent & Domenech，2008）通过构建寿命预期模型分析表明，人力资本的不平等可能通过降低寿命预期，进而降低教育投资意愿而不利于促进经济增长。

第四节　代际流动与收入差距的研究

关于代际收入流动性与收入差距之间的关联性，目前还没有达成一致性。最早对两者之间关系进行研究的是贝克尔和托马斯，两位学者在1979年发表的一篇文章中指出：收入差距的影响因素主要四个，它们分别是市场运气的方差、个人能力的方差、能力的可遗传性和对子代的投资倾向。而代际收入流动性主要受后两种因素的影响。所以，二者有共同的决定因素却不完全相同，导致不能确定二者的负相关关系。与贝克尔和托马斯不同的是，索罗（Solon，2004）指出代际收入流动和收入差距有共同的决定因素，它们分别是：人力资本投资效率、人力资本投资回报率、能力的可遗传性和公共人力资本投资的累退性（随着父代的收入提高，政府对子代的人力资本投资与父代的可支配收入之比递减）。且代际收入流动和收入差距是前三个决定因素的增函数，是公共人力资本投资累退性的减函数。所以代际收入流动和收入差距具有很大的一致性。对代际收入流动与收入差距持相关关系观点的国外学者还有欧文和威尔（Owen & Weil，1988），在他们的模型中存在稳态，稳态下的低收入差距和高代际流动性并存。比约克隆和詹蒂（Bjorklund & Jantti，1997）对美国和瑞典的代际间收入流动性做过比较分析，研究发现后者的代际间收入流动性和收入公平程度要更高。此外，茂兹和莫阿夫（Maoz & Moav）在1999年发表的文章中，通过构建模型证实经济增长会带来代际流动性的上升和收入差距的下降。

关于代际流动性与收入差距之间的关系，加拿大经济学家迈尔斯·克拉克（Miles Corak）曾经提出了著名的盖茨比曲线（the great gatsby curve），它说明了这样一种社会经济现象：高度不平等的国家具有较低的代际流动性，社会越不平等，个人的经济地位就越由其父母的地位决定，子女处于父辈的经济阶层的可能性就越高。这个发现也引起了世界范围内的广泛关注。例如，2008年诺贝尔经济学奖得主、普林斯顿大学教授保罗·克鲁格曼亦赞同"盖茨比曲线"的存在。实际中，教授艾伦·克鲁格（Alan Krueger，2012）使用"盖茨比曲线"预测随着美国收入不平等状况的加剧，代际流动性一直在下降。

第五节　研究的述评

一、已有研究文献的总结

以上从多个角度对人力资本代际流动和收入代际流动以及两者之间关系

的相关文献进行了综述。这些角度包括人力资本代际流动机制的分析、人力资本代际流动的影响因素、人力资本代际流动的经济社会效应和代际流动的收入分配效应。通过对这些文献的梳理，发现国外相关文献的数量要远远多于国内，所以大多数文献是以国外（尤其欧美发达国家或地区）作为研究背景，但是研究结论同样对我国具有借鉴意义。我们先来总结国内外相关研究的实证文献。首先，父母对子女的人力资本投资是人力资本发生代际流动的主要原因，而父母对子女的人力资本投资表现出较强的动机。其中，利他动机和交换动机是两种最基本的动机。围绕这两种动机的实证研究也较多，但是实证结论并不完全一致。有的研究认为交换动机起主导作用，有的研究认为利他动机起主导作用，还有的研究认为两种动机都存在，两者并非对立的。其次，大量的实证研究是针对人力资本代际流动影响因素展开的。在子女人力资本的积累过程中，家庭背景起到了至关重要的作用。家庭背景包括很多因素，其中最重要的是父母的人力资本，或者说是父母的受教育程度。对于人力资本水平高的父母而言，其子女的人力资本积累具有相对的优势，大量文献对此进行了证实，这就意味着人力资本具有代际流动的现象。这种代际流动性的程度在不同的国家之间是不一样的，有的国家的代际流动性程度较大，而有的国家的代际流动性程度相对较小。即使在同一个国家，不同群体的代际流动性程度也是不一样的。除了家庭背景影响子女的人力资本积累外，迁移、种族、相关国家政策、社会公平程度和社会体制都会影响人力资本代际流动。再次，人力资本代际流动并不是"孤立"的经济社会问题。很多实证研究认为人力资本代际流动程度的大小会对不平等的代际传递、贫困的代际传递产生影响，人力资本的代际流动会导致经济社会的不平等。最后，代际流动与收入差距的相关性问题一直是学术界关注的问题，这方面的实证研究主要是证实两者之间的反向关系，例如，加拿大经济学家迈尔斯·克拉克。相对于国外关于人力资本代际流动的大量实证研究，国内相关的研究要少很多。大部分研究都集中在子女受教育程度的影响因素上，使用的家庭微观调查数据库主要集中在中国综合社会调查数据库（CGSS）上。在子女受教育程度的影响因素中，父母的受教育程度是最重要的影响因素，这一点在所有的国内文献中都达成了共识；而且国内文献都证实了我国同样存在着教育代际流动现象。

另外，有些国内外文献从理论角度来探讨人力资本代际流动的过程、途径、动机与经济社会效应。例如，贝克尔（Becker，1979，1991）、托马斯（Tomes，1986）、考克斯（Cox，1987）、威伦和海德（Willen & Hendel，2005）等。虽然国内学者较少直接分析父母对子女的人力资本投资动机，但是部分文献分析了我国家庭亲子间转移行为的模式，例如，"抚养—赡养"模式、"哺育—反哺"模式等，说明亲子间转移行为具有交换主义的特征，存在着一种交换逻辑。也有国内学者从资本和沟通的视角分析了教育代际流动过程。除了这些理论研究外，还有代际间流动与收入差距关系等方面的理论研究。

二、已有研究文献的评述

通过相关文献的梳理，会发现大部分研究是在欧美发达国家的数据背景下展开的，针对发展中国家的研究较少。而且国际上关于人力资本代际流动机制尚存在一些争论，不同制度和政策背景下的人力资本代际流动效应存在着差异性。因此，虽然国外关于人力资本代际流动研究的结论对我国具有借鉴意义，但因国情不同而使得借鉴意义有限。

从总体上看，对我国人力资本代际流动研究的不足主要表现在以下几个方面：第一，结合我国国情的原创性、理论性研究较少。我国的经济体制、社会文化背景等与西方国家存在着巨大的差异，这些差异会极大地影响人力资本代际流动的途径、动机、影响因素和经济社会效应，而针对这方面的研究还不多。第二，比较研究的深度和广度不够。目前的研究既缺乏对不同群体间人力资本代际流动性的比较分析，也缺乏对我国人力资本代际流动趋势性的分析。第三，国内更多的研究是把人力资本代际流动作为收入、贫困等代际传递问题的一个视角和解释变量，而较少真正关注人力资本代际流动本身的机制与影响因素。第四，代际流动性与截面收入差距之间的关系比较复杂，虽然我们可以通过国际截面数据和国内省级截面数据对两者之间的关系进行统计计量分析，但是对两者之间确切关系的论证依然是个难题，目前国内也缺乏这方面的研究文献。

第三章

人力资本代际流动的理论分析框架

第一节　相关概念的界定

一、"代际"范畴的界定

"代"指的是世系的辈分，是在时间维度上对出生在不同时期的人的一种划分。在社会学中，"代"是一种重要的分类分群方法。并且"代"包含着两层含义：一是家庭意义下的代系。各代之间存在生物学上的血缘关系，如父母一代和子女一代；我们所研究的代际传递抑或代际流动中的"代"就是这个含义。二是社会意义下的代系。这里的"代"指的是在特定的年代里，年龄相近抑或收入、职业、家庭背景等特征相近的一类群体。例如，"80代""90代""穷二代""富二代"等。一般而言，两代人之间的间隔，又称"代长"，通常为二十年。

上面把"代"的具体含义阐述为两种，这两种意义下的"代"并不是相互对立的，而是相互联系、相互作用的。事实上，我们可以把这两种意义下的"代"看成是个体与群体、微观和宏观、具体与抽象的关系。代际关系既存在于家庭中，也存在于社会范围内的上一代和下一代之间，前者的代际关系是后者的基础。从宏观层面上来看，经济资源和社会财富在代际的传递是社会可持续发展的根本所在，当然这是比较抽象的，其主要体现为家庭内部的资源和财富在父母和子女之间的传递。从微观层面上来看，代际关系在家庭内部主要体现为：父母和子女在情感、经济和生活方面的互助，这是一个家庭生存和发展的根本所在。本书所研究的代际关系主要是家庭意义下的代际关系。

二、代际传递与代际流动

代际传递又称代际转移，形象地描述了父母的资源禀赋传递给子女的现象。如果子女在某一方面上的禀赋和父母相似（或者相关），我们就可以说这方面禀赋存在代际传递效应；相似程度越高意味着代际传递效应越强。随着对代际传递问题研究的深入，人们发现子女和父母之间在很多禀赋维度上存在相似性，例如，受教育水平之间、健康、收入、社会阶层、职业、价值观念等。代际流动是与代际传递相关联的一个概念，是指子女的资源禀赋相对于父母的变动，如果子女在某一方面上的禀赋和父母不同（如数量上），我们就可以说这方面禀赋存在代际流动性；差异程度越高意味着代际流动性越强。对代际流动性的研究主要集中在收入、职业、教育等方面。代际流动研究的是两代人之间问题，而代内流动则是研究个人生命周期内的问题，这是两者之间的主要差别。

通过对代际传递和代际流动的含义的阐述，我们会发现二者具有异同性。两个概念的提出都是为了方便研究子女禀赋特征和父母禀赋特征的关联性，而研究两代人之间这种"关联性"的目的是考察其对社会公平机制的影响。但是，两者也存在着明显的区别：首先，代际传递强调子女和父母在某方面禀赋特征上的继承性，而代际流动更强调子女和父母在某方面禀赋特征上的变化性。其次，二者所隐含的寓意不同。如果一个社会的代际传递性越强，说明了这个社会的结构就越僵化，从而会出现"富二代""穷二代""官二代""农二代"等现象，这在一定程度上是对社会公平性的损害，在这种社会里，底层人们的子女很难通过自身努力实现向高层的流动。相反，如果一个社会的代际流动性越强，会出现相反的情况。社会中不会存在"二代"现象，家庭背景相对较差的子女能够通过自身努力改善自己的生活环境，这种社会是一种相对公平的社会。最后，可以把代际传递和代际流动之间描述成一种"此消彼长"的关系，即代际传递性越强意味着代际流动性越弱；反之代际流动就越强。

事实上，子女和父母之间的禀赋特征既有"不变"的一面，也有"变"的一面，这也说明了代际传递中包含着一定的流动；同样，代际流动中也蕴含着一定的传递，并非绝对的传递和流动。正是由于这个原因，大多数文献并没有严格区分"代际传递"和"代际流动"两个概念，把二者互换使用。本书同样也是如此，但是对"代际流动"的使用频率更高，大部分实证研究都是以"代际流动"作为研究变量。

三、人力资本

人力资本理论兴起于 20 世纪五六十年代，西奥多·W. 舒尔茨（T. W. Schultz）在 1960 年的美国经济学年会上关于人力资本的系统阐述宣告了人力资本理论的诞生，自此人力资本在学术研究和政策分析中被广泛应用。人力资本的概念最初源于佩蒂（Petty, 1960）。佩蒂虽然没有给出人力资本的明确定义，但是指出人同土地等资本一样具有价值，而体现在人身上的这种价值就是人力资本，这种价值是需要付出成本才能获得。之后，国内外很多学者都对人力资本的概念做过阐述；综合来看，经济合作与发展组织（OECD）对人力资本概念的定义更加科学。其对人力资本的最新定义为"人力资本是个人拥有的能够创造个人、社会和经济福祉的知识、技能、能力和素质，这些能力是先天的或者通过一定的方式进行投资而获得的"。[①]

人力资本既有天生的，也有后天获取的。每个个体出生时就拥有的身体、智力和心理方面的能力，这属于天生的人力资本，这一部分不取决于个体的努力程度，是父母遗传的结果。个体通过教育、培训、工作经历、人际交往、社会活动等途径获得的知识和技能是后天获取的人力资本，这一部分与个人选择和努力程度相关。如同物质资本，人力资本既有价值形态，也有实物形态。这里的实物形态指的是人力资本的载体—人。人力资本不仅具有数量因素，而且具有质量因素。例如，平均受教育年限、教育投资成本、终生预期收入等以时间和货币作为单位的替代变量反映的是人力资本数量方面的特性。

---

① OECD. The Well-being of Nations: The Role of Human and Social Capital [R]. Paris, 2001: 18.

对于受教育年数和工作年限，不同阶段的每一年对人力资本的影响是不同的，一年的小学教育和一年的大学教育大不一样；由于工作单位、工作性质、工种的不同，同样的工作年限对人力资本的积累有很大的差异。人力资本的获取途径与积累过程并不总是可控的。当个体年龄小的时候，其人力资本决策并不完全由自己掌控，而是由父母或教师做出；只有个体长大成人后，才可能对人力资本投资做出自我决策，但决策显然会受到过去的人力资本投资、当前的社会环境、前人的观念等多种因素的制约。人力资本既可以通过正式的途径，例如，正式的学校教育、就业服务机构组织的有针对性的职业指导和培训、企业组织的职业培训来获取，也可以通过非正式途径，例如，社会团体活动、个人工作经历、人际交往、自学等多种非正式途径来获取。人力资本投资既包括市场活动，也包括非市场活动。市场活动是通过市场来进行交易的经济活动和经济行为，往往伴随着直接成本的支出，隶属这种类型的人力资本投资有学校教育（正规和非正规）、职业培训和健康护理等；通过非市场活动进行人力资本投资的方式包括自学、自我体育锻炼、辅导孩子等提高知识水平、技能水平和健康水平的活动，这类人力资本投资的成本不易衡量。人力资本具有外部性。这里的外部性指的是人力资本投资既可以给本人和家庭带来收益，又可以为社会带来额外的收益。典型的例子是教育，不仅能够提高个人的素质，又能够对社会产生正的效益。此外，人力资本既包括已使用部分也包括未使用部分。如同物质资本一样，人力资本也存在闲置状况。除了投入到生产当中，正在进行社会化生产的那部分人力资本之外，还存在一部分人力资本处于闲置或半闲置状态。例如，由于没有达到就业年龄、正在进行在职学习或失业的这部分就属于闲置状态的人力资本；社会还存在一些无效率的就业（如自己的专业与工作不匹配、劳动力市场扭曲等），这会造成人力资本的半闲置状态。

四、人力资本代际流动与收入代际流动

基于代际流动与代际传递的概念界定，人力资本代际流动①主要强调教

---

① 国外期刊关于人力资本代际流动的相关描述为"intergenerational transmission of human capital"，国内期刊，如《经济学动态》将其定义为人力资本代际传递。按照笔者的理解，"人力资本代际流动"更加符合常规的理解。

育、健康等人力资本要素在父母和子女之间的变动性。也就是说子女教育、健康等人力资本要素相对于父母的变化。[①] 而在宏观上可以描述为一个国家、民族的下一代人力资本积累相对于上一代的人力资本存量的变化，在微观上则是以家庭为背景的下一代的人力资本积累相对于上一代人力资本存量的变化。在宏观背景下研究人力资本代际流动是非常重要的，可以在一个更大的视野下发现人力资本代际流动的一般性规律，并且为微观分析确立方向。而微观分析则从家庭的视角分析人力资本代际流动的规律，是宏观分析的基础。正如人力资本与物质资本存在着本质的区别一样，人力资本代际流动与物质资本代际流动存在明显的区别。首先，与物质资本代际流动不同，人力资本代际流动并不会引起父母代人力资本的减少；其次，人力资本代际流动的途径更加复杂，具有多样化，因此对其代际流动途径的分析十分重要；最后，人力资本代际流动的动机相对复杂，流动过程和结果受多种因素影响，这些因素并不都是可控的。

与人力资本代际流动类似，收入代际流动是指下一代收入位置相对于上一代的变化。本书引入收入代际流动的概念，主要分析两个方面的问题：一是考察人力资本代际流动与收入代际流动的关系；二是考察收入代际流动与收入差距的关系。

第二节　人力资本代际流动的理论分析

虽然传统经济学理论研究了家庭的经济行为，但是尚未涉及家庭内部的经济行为，家庭内部还是一个"黑匣子"；例如，父母对子女进行人力资本投资的问题。"人力资本代际流动"研究的对象正是家庭内部的经济行为，从而拓展了传统的微观经济学理论。这个问题的研究可以追溯到20世纪60年代（Becker，1967；Schultz，1969），此后经济学理论被逐渐应用到代际流动领域。下面我们对与代际流动相关的理论进行阐述，例如，父母对子女人力资本投资的动机分析、代际流动经济学模型的构建，以及代际流动与收入

---

① 这种变动不是指两代人人力资本存量绝对值的变动，而是指相对值（同代人所处位置）的变动。

差距之间关联性的理论分析。本节主要为后文的实证分析奠定微观理论基础，并对所研究的变量之间的逻辑关系进行分析。

一、人力资本代际流动中"经济人"假设

代际流动问题有很多种，例如，人力资本代际流动、收入代际流动等。其实，这些问题的本质是一样的，就是研究资源在各代人之间的配置问题。经济学家在研究代际间流动问题时，同样是以"经济人"假定为前提，即把现实社会中的人抽象为在既定资源约束条件下追求自身效用最大化的"经济人"。"经济人"的假定反映了人们在经济活动中所表现出来的基本特征，其基本内涵包括下面三点：一是人们从事经济活动的根本动机是追求自身利益的最大化，即具有"自利性"；二是人们拥有的资源是有限的，面临的选择也是多种多样的，"自利性"驱使人们做出最优的选择；三是在市场秩序良好的前提下，个人的分散最优决策会最终累加成一个最优的社会决策，这一切都是在"一只看不见的手"的引导下进行的。可以说，"经济人"的假定是西方经济学理论中的一个"公理"。

"经济人"的假定也是在一直完善的，使得其越来越符合现实情况。经济学家埃奇沃思就认为个人的总效用应该分成两个部分：传统定义下的个人效用和他人效用。如果用数学语言来表达，可以写成：$U = U_{private} + \lambda U_{others}$，其中，$U_{private}$代表私人效用、$U_{others}$代表他人效用、$\lambda$被定义为有效同情系数。这也就是说他人的效用也会进入到自己的效用函数中，他人一单位的效用相当于自己λ单位的效用。当然，人们关注他人效用本质是也是"利己"的。可以说，埃奇沃思对"经济人"假定的完善具有十分重要的意义。后来的新制度经济学派沿袭并完善了埃奇沃思的思想，修正了"经济人"完全利己的假定，强调了人既具有利己的一面，同时也具有利他的一面，但是人们利他的行为也源自利己的动机。这次对"经济人"假定的改进更加符合人们的行为特征，能够更好地去解释人的本性和理解人们某些经济行为发生的内在机理。

上面的学者们都对"经济人"假定做了完善，但是，影响最大的要数加里·贝克尔。贝克尔是芝加哥学派的代表人物之一，他对传统的"经济人"假定做了全新的诠释。他认为人们同样也是追求效用最大化的"经济人"，

所有经济活动也是以追求自身利益最大化为根本出发点。但是，贝克尔拓宽了效用的来源。传统经济理论认为能够给人们带来效用的物品是商品、劳务等，这些是能够用货币来购买的，可以看作是货币因素；但是贝克尔认为一些非货币因素也能够给人们带来效用，例如，人们的尊严、声望和嫉妒等。从这一点上可以看出，贝克尔拓宽了传统经济学的研究领域，将社会学、人类学乃至心理学的一些研究领域纳入了经济学的研究范畴。贝克尔成功地把经济学的研究方法运用到了人类社会生活的各个方面。其中，贝克尔把经济学的研究方法成功的运用到了代际流动问题的研究上。因为在贝克尔看来，人们的一切行为都蕴含着追求效用最大化的动机，从而使传统经济学的研究对象拓宽到一个更大的范围。

二、父母对子女人力资本投资的动机

父母人力资本与子女人力资本既有相似性又有变化性。其中，父母对子女的人力资本投资是重要原因，也是家庭内部发生的重要经济行为。行为通常是受动机驱使的，那么父母的这种经济行为究竟是受"利他"动机还是"利己"动机的驱使？事实上，父母对子女的人力资本投资并非简单的能用单纯的"利他"或"利己"来分析，况且利他与利己也不是绝对的对立面，即"不利他"就一定"利己"，同样"不利己"也未必意味着"利他"。本书结合利他和利己两种行为动机，将人们的行为动机扩展为四种，分别为利人利己的互利动机、利人不利己的自我牺牲动机、损人利己的自私自利动机和损人不利己的无效行为动机（见图3.1）。这四种行为动机有本质的区别，具有不同的效率。

第一，利人利己的互利动机有两个出发点：一个是利人；另一个是利己。如果父母对子女进行人力资本投资是出于这种动机，那么就具有"交换动机"的性质。也就是说在这种动机的驱使下，父母对子女的人力资本投资有两个目的：一个是提高子女的教育、健康素质，使子女在劳动力市场上具有一定的竞争力，能够赚取更高的工资；另一个是当自身身体状况和收入出现下降时，能够从子女那里获得一定的经济帮助作为补偿。如果用更加通俗的词语来描述这种行为动机，那就是"养儿防老"的动机。

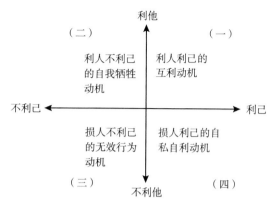

图 3.1　由"利己"与"利他"划分的四种行为动机

第二，利人不利己的自我牺牲动机具有如下特征：一是具有该动机的父母完全以子女为中心，在父母的效用函数中，子女的单位效用要高于自身的单位效用；二是父母对子女进行人力资本投资完全不图回报，只关注子女当前和未来的福利，而对于自己的付出一点也不关注，甚至用自己拥有的健康、时间等资源全力换取子女的人力资本和物质资本积累。这种行为动机又被称之为纯粹的利他主义动机。在现实社会中，这种行为动机是很少见的。即使这样的父母培养出来的子女很成功，但是也往往为父母的倾心付出而心存内疚感，从而降低子女的效用水平。所以这种行为动机并不具有最优效率。

第三，损人利己的自私自利动机在现实社会中也存在。父母为了满足自己的私欲，把本该用于子女教育的金钱用于自身的消费。因为在父母的效用函数中，子女效用的权重接近于零，因此他们不会或者很少去对子女进行人力资本投资，从而耽误了子女接受教育、进行人力资本积累的最佳时机，使子女未来的福利出现下降。这种情况出现在父母好逸恶劳、不思进取、对子女没有责任感的家庭中。这种行为动机可能会增加当前的效用，但一定会导致未来效用的下降。

第四，损人不利己的无效行为动机是很少见的。如果父母把本该用于孩子教育的金钱拿去吸毒、赌博等社会明令禁止的行为，最终耽误了孩子人力资本投资的最佳时机，同时也给孩子营造了一个恶劣的成长环境和完全错误的价值观念。而对自己而言，吸毒和赌博不但损害了自身的身体健康和精神健康，也加速了家庭的破裂。显然，在这种动机驱使下，父母不会对子女进行人力资本投资。

通过对以上四种行为动机的分析，只有在第一种动机或第二种动机的驱使下，父母才对子女进行人力资本投资，而且只有第一种行为动机（利人利己的互利行为动机）是最有效率的，这也是我们社会中最常见、最符合逻辑的行为动机。

在我国，传统文化对家庭代际间行为的影响十分明显。伦理往往影响家庭内部的代际决策。在伦理道德的驱使下，最容易诱发利他主义行为。这里的"他"指的是与自己有血缘关系的人，而不是与自己不相干的陌生人。而且这种利"他"行为也受"生物"本能的驱动。对子女进行人力资本投资是家庭内部的一项重要代际决策，所以在伦理和"生物"本能的驱动下，使父母对子女的人力资本投资具有利他主义性质。

另外，我国家庭的亲子关系意味着父母对子女的人力资本投资具有利己主义性质。与西方国家接力式的亲子关系模式不同，我国家庭亲子关系则更多地表现为反馈式的抚养—赡养模式（见图3.2）。"接力模式"的含义是 A 代抚养 B 代，B 代抚养 C 代，C 代抚养 D 代。而"抚养—赡养模式"简单来讲就是 A 代抚养 B 代，B 代赡养 A 代，B 代抚养 C 代，C 代赡养 B 代，依次往下迭代。费孝通（1985）又将其称为反馈模式，区别于西方家庭亲子关系的接力模式[①]。通过图3.2，我们可以看到抚养—赡养模式和接力模式的区别，后者少了赡养这个环节。西方家庭的"接力模式"体现为亲子间的单向关系，这多少与亲子关系的双向性原则不相符。

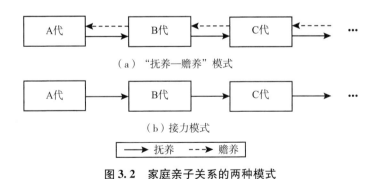

（a）"抚养—赡养"模式

（b）接力模式

——→ 抚养   - - -→ 赡养

图3.2　家庭亲子关系的两种模式

---

① 费孝通. 家庭结构变动中的老年赡养问题——再论中国家庭结构的变动［M］. 天津：人民出版社，1985.

很多学者据此认为我国家庭的"抚养—赡养"型亲子关系具有一定的交换色彩，例如，郭于华（2001）认为我国家庭亲子关系的表现形式是"哺育"和"反哺"的反馈型模式，说明我国亲子之间存在一种交换的逻辑。[①]这种交换不仅包括物质、经济方面的有形交换，也包括情感方面的无形交换。但是，与普通交换关系相比，"抚养—赡养"型的亲子关系具有自身的一些特殊性。

首先，与普通交换关系相比，抚养—赡养的行为主体具有自身的特殊性。因为普通交换关系是在两个行为主体下进行的，而且双方都看到了现实的利益。而"抚养—赡养"关系的一个行为主体是成年的父母，另一个行为主体是少不更事的子女，而这时的子女是没有交换意识的，更看不到利益关系，所以"抚养—赡养"型的亲子关系是一种特殊的交换关系。其次，从数量上来看，抚养费用和赡养费用是不对等的。父母抚养子女的费用主要包括生活费用、教育费用、婚姻费用和医疗费用四种。而子女赡养老人的费用主要包括生活费用和医疗费用（见图3.3）。父母抚养子女的费用种类要多于子女赡养老人的费用种类，而且父母收入的较大比例用于支付子女的教育费用和婚姻费用。从总体上来看，抚养费用通常是大于赡养费用的。最后，我国家庭内部也存在也存在着交换性质的代际关系。这种交换关系往往发生在子女成家立业，同时父母又有劳动能力能够自食其力的阶段。例如，在农村，尚未进入老年阶段的婆婆帮助儿媳妇料理家务、照看孩子，而儿媳妇去从事婆婆因年龄增大无力承担的工作，这可以看成是一种交换关系。

图3.3　抚养、赡养费用的主要构成部分

---

① 郭于华. 代际关系中的公平逻辑及其变迁——对河北农村养老事件的分析 [J]. 中国学术，2001（4）：14 – 18.

综上所述，在伦理道德和"生物"本能的驱动下，父母对子女的人力资本投资具有利他主义性质；而我国家庭亲子间反馈式的"抚养—赡养"模式也隐含着父母对子女的人力资本投资具有利己主义性质。所以，图3.1中的第一种行为动机（利人利己的互利动机）代表着我国家庭父母对子女进行人力资本投资的动机。①

三、人力资本代际流动中的代际资源配置问题

代际流动是一种经济社会现象。从经济学的角度看，代际流动问题可以视为"经济人"假定下的代际资源配置问题；只不过这种资源配置是在不同代人之间进行的。根据分析视角的不同，此问题又分为静态资源配置和动态资源配置两种。下面分别就静态资源配置和动态资源配置进行分析。

（一）代际间的静态资源配置

代际间的静态资源配置是指在某一不动的时点上，根据某种价值标准在各代人之间配置资源，使得最终达到均衡状态。其中，价值判断标准有多种，比较具有代表性、影响较大的价值标准有帕累托最优准则、效应最大化准则和最大最小准则。

（1）帕累托最优准则。在该准则下，资源配置最终处于"帕累托最优标准"意义下的状态，这种状态不存在任何的帕累托改进，也就是说不存在使某些人的境况有所改善，而这些"改善"又不会造成其他人境况恶化的改进。帕累托最优准则是经济理论中的一项重要价值判断标准。如果某种状态处于帕累托最优状态，我们就说这种状态是有效率的。但是，帕累托最优状态并不是唯一的，从一种帕累托最优状态过渡到另外一种帕累托最优状态，必须要借助市场以外的力量（如政府政策）。我们这里指的是，假如资源在各代人之间的分配状态符合帕累托最优标准时，那么任何的改变都会使得至少一代人的境况出现恶化。

（2）效用最大化准则。其本质是让各代人效用的总和达到最大值，并不

---

① 本书第五章将对该结论进行实证检验。

是让某代人的效用达到最大化。从一定程度上来说，效用最大化准则继承了补偿主义的思想。二者的差别在于：补偿主义强调更多的资源应该掌握在资源利用效率更高的一代人手里，而效用主义更加关注的是效用而不是资源的利用效率。如果除了坚持"效率"的视角以外，我们还坚持"公平"的视角，那么就不可避免地会比较各代人之间的效用，前提是效用能够被定量的描述。

（3）最大最小准则。这是一种比较常见、具有代表性的评价准则，又被称为小中取最大化。在这里，它指的是让最弱势的一代人达到福利的最大化。实际上，该准则强调的是让各代人之间的福利水平相等。所以说，最大最小准则与上面的效用准则是相对立的。

从本质上来说，从静态资源配置的角度来研究代际间问题就是借鉴代内资源配置的研究方法，虽然也能够得到一些具有理论意义和现实意义的结论，但是，该研究方法因未考虑代际间问题的特殊性而具有一定的缺陷。在代际流动问题中，存在着"时间的不可逆性"。所谓的"时间不可逆性"指的是决定在各代人之间分配资源的"中央计划者"并不存在，原因在于人的寿命是有限的，每一代人的决策通常只能影响到下一代人（最多几代人）的资源分配，而且任何一代人都具有双重决策，既是上代人进行资源分配决策的承受着，同时自身的资源分配决策也会影响下代人。总之，这是一个动态传递的过程。另外，从静态资源配置的角度来研究代际问题虽然构建了约束条件下目标函数最大化的模型，但是缺少分析代际流动的微观机制。为了克服静态资源配置研究角度的局限性，提出了动态资源配置的研究角度，下文将对其进行详尽的阐述。

（二）代际间的动态资源配置

从本质上讲，"代际间的资源配置"是研究资源在代际的转移（传递）是如何进行的，以及资源转移（传递）的数量问题。父母对子女的人力资本投资是一个重要的代际的资源配置问题，人力资本投资的形式有多种，我们主要考察家庭抚育和公共教育两种。这两种人力资本投资的主体是不同的，前者主要是家庭，后者主要是社会，从而我们分析问题的角度也不同。下面我们从微观和宏观两个角度对该问题进行分析。

1. 微观角度

父母对子女的抚育过程是在家庭内部进行的，这也决定了人力资本代际流动主要以家庭作为研究基础。在代表性家庭中，父母（上一代）会通过多种人力资本投资活动对子女（下一代）的人力资本积累产生影响。父母对子女进行人力资本投资的数量、方式和效率与父母自身拥有的人力资本水平密切相关，或者看成父母自身人力资本水平的函数。从这个意义上理解，父母的人力资本会和子女的人力资本之间形成一种相似性（相关性）。在现实社会，与没有接受过良好教育的父母相比，接受过良好教育的父母在主观意愿上更加倾向于让子女接受更多的教育，而且能够为子女提供更优越的生活和学习条件，使得子女有更大可能接受好的教育。此外，前者的社会资本也更为充裕，这都为子女提高自身人力资本水平提供了方便。以上现象可以描述成人力资本代际流动行为。另外，人力资本代际流动行为并非只发生在子女的婴幼年和青年时期，只要是两代人都健在，这种人力资本代际流动行为就会发生。因此，这种代际流动行为发生在个体的整个生命周期中。根据代际流动的微观机制，我们下面构建一个数学模型来进行更加深入的理解。

$$\max \quad V_t = u(c_{1t}) + (1+\theta)^{-1}u(c_{2t+1}) + (1+R)^{-1}V_{t+1} \tag{3.1}$$

$$\text{s. t.} \quad c_{1t} + s_t = \omega_t + b_t \tag{3.2}$$

$$c_{2t+1} + (1+n)b_{t+1} = (1+r_{t+1})s_t \tag{3.3}$$

$$\omega_t = f(k_t) - k_t f'(k_t) \tag{3.4}$$

$$r_t = f'(k_t) \tag{3.5}$$

模型是针对代表性的家庭而构建的。公式（3.1）是目标函数，公式（3.2）~公式（3.5）是约束条件。V_t 代表 t 期出生的个体的总效用，并且在效用函数中考虑了利他主义因素；R 代表子代效用的折现率，或者称为未来消费的贴现率；由于考虑了父母的利他主义，所以 $\partial V_t/\partial V_{t+1} = (1+R)^{-1} > 0$；$c_{1t}$ 代表 t 时期出生的个体在第 t 期的消费，c_{2t+1} 代表 t 时期出生的个体在第 $t+1$ 时期的消费；θ 为个体在不同时期效用的贴现率；n 代表人口增长率；k_t 代表第 t 时期的人均资本存量（假设生产函数具有规模报酬不变性）；$f(k_t)$ 代表人均生产函数；s_t 代表第 t 时期的个人储蓄；ω_t 代表第 t 时期的工资；b_t 代表第 t 时期的个体所继承的遗产；r_t 代表第 t 时期的利率。

这是一个两阶段的利他主义模型，也可以看成是一个世代交叠模型。这个模型的假定就是前面所介绍的"经济人"假定，即理性人既有利己主义的一面，也有利他主义的一面，但是人们利他的行为也源自利己的动机。这里的两阶段指的是把个人生命周期划分为两个阶段：在生命周期的第一阶段中，个体参加工作，赚取工资，继承上一代人的遗赠，并进行储蓄；在生命周期的第二个阶段中，个体不参加工作，消费是由第一阶段储蓄的本金和利息来保障的。此外，模型还引入了遗赠的因素，使其更加接近现实情况。模型约束条件中的公式（3.4）和公式（3.5）是根据厂商追求利润最大化的原则而推导出来的。

2. 宏观角度

我们在进行代际间传递机制的研究过程中，会发现政府的干预也对代际间的传递产生影响，这就要求我们要从宏观层面来对问题进行研究。在家庭的人力资本代际流动过程中，公共教育主要由政府来兴办，此外政府还会免费为劳动者举办劳动技能培训，引导劳动力的合理流动等，这些都是人力资本积累的重要途径。我们主要分析政府提供的公共教育。公共教育主要由政府的投资来完成，政府的投资要综合考虑各种因素，而且投资数量的多少也会对人力资本代际流动产生一定的影响。下面我们通过构建模型分析政府的决策行为。

$$\max \quad U = \sum_{t=0}^{\infty} \left[u(c_{1t}) + (1+\theta)^{-1} u(c_{2t+1}) \right] \qquad (3.6)$$

$$\text{s. t.} \quad k_t + f(k_t) = (1+n)k_{t+1} + c_{1t} + (1+n)^{-1} c_{2t} \qquad (3.7)$$

同上面的模型一样，公式（3.6）为目标函数，公式（3.7）是约束条件。各个变量所代表的含义与前一个模型相同，在此不做解释。不同的是：U 代表社会福利函数。从目标函数的形式上看，该效用函数是一个具有效用主义性质的社会福利函数，决策者更加关注各代人效用值的加权之和。公式（3.7）是一个供求平衡的方程，是该模型的约束条件。

3. 两种角度的一致性

虽然两个模型的形式不一样，但是在本质上具有一致性。为了理解这两个模型的一致性，我们分别从目标函数和约束条件两个层面来进行一致性的分析。

目标函数：$V_0 = u(c_{10}) + (1+\theta)^{-1} u(c_{21}) + (1+R)^{-1} V_1$

$$= \sum_{t=0}^{\infty} (1 + R)^{-1} [u(c_{1t}) + (1 + \theta)^{-1} u(c_{2t+1})]$$
$$= U \tag{3.8}$$

通过对目标函数的分析，我们可以看到两个模型具有一致性。虽然 R 在微观模型中被定义为未来消费的贴现率，而在宏观模型中被定义为社会贴现率，但是二者的具体含义是一致的。约束条件：

$$K_{t+1} - K_t = (S_t - S_{t-1}) + r_t(K_t - S_{t-1}) \tag{3.9}$$

其中，K_t 代表第 t 时期的资本总量，S_t 代表第 t 时期的储蓄总量。根据微观模型的定义，公式（3.9）可以解释为：第 $t+1$ 时期的净投资等于第 t 时期的净储蓄与第 t 时期的净资本收益之和。因此，宏观模型的约束条件在本质上等价于微观模型的约束条件。

从本质上看，微观模型和宏观模型是等价的；而在现实情况中，两者是相互作用和相互影响的，政府的宏观政策只有作用于家庭和个人，才能发挥政策的效果。此外，微观机制也在一定程度上影响政府的宏观政策，宏观政策的制定要充分考虑到家庭和个体的实际情况，这样才能保证政策切实可行与行之有效。

四、人力资本代际流动的基本模型

（一）人力资本投资的基本决策模型

我们构建一个简单的模型来说明父母对子女的人力资本投资决策。假设家庭 i 包含一个家长和一个小孩，家长的收入为 y_{0i}，孩子没有收入能力，那么 y_{0i} 也构成了家庭的总收入。理性的家长会将家庭总收入用于自身的消费（C_{0i}）和孩子的人力资本投资（I_{0i}），在这两个部分中进行合理分配以达到效用最大化。根据经济学中关于对最优化问题的一般处理，那么我们就可以构建如下的经济学模型：

$$\max \quad U_i = (1 - \alpha) \log C_{0i} + \alpha \log y_{1i} \tag{3.10}$$
$$\text{s. t.} \quad y_{0i} = C_{0i} + I_{0i}$$
$$y_{1i} = (1 + r) I_{0i} + E_{1i} \tag{3.11}$$

其中，E_{1i}代表除人力资本投资外，其他影响个人收入的因素；r代表人力资本的投资收益率；y_{1i}代表子代的收入水平。这个最优化问题的解为：$y_{1i} = \bar{\beta} y_{0i} + E_{1i}$。这个公式是计算代际传递弹性的理论基础。这一方程最初来源于高尔顿（Galton）的分析，此后由贝克尔（Becker）和托马斯（Tomes）在1979年纳入了经济学的研究范畴。

（二）人力资本投资决策模型的拓展：人力资本代际流动模型

研究代际间流动问题的国内外文献颇丰。其中，有些研究构建了代际间流动的理论模型，但是大部分以收入代际流动作为研究对象，而关于人力资本代际流动的模型较少。实际上，人力资本代际流动与收入代际流动具有较强的相关性，父母的收入、职业、教育等首先会影响子女的各种能力，这些能力可以理解为人力资本，然后子女凭借自身的人力资本水平来赚取收入。所以从这个意义上讲，人力资本代际流动更为基础，是收入代际流动的重要原因之一。下面我们借鉴已有的文献，构建一个人力资本代际流动模型。

模型假定人们是追求自身效用最大化的，即符合"理性经济人"的假定。经济体是由家庭和企业构成的。每个家庭包括父母和N个孩子。父母生活一个时期，而孩子生活两个时期——幼年时期和成年时期。假设父母拥有的人力资本存量为h，父母在劳动力市场上寻找工作并赚取工资w，企业会在劳动力市场上雇用工人并生产同质的产品，这里我们假设企业的生产函数具有如下的形式：

$$Y = Ah \tag{3.12}$$

公式（3.12）中的生产函数具有简单的形式，Y代表企业的产量，A代表生产率系数，h代表投入的人力资本数量。根据完全竞争市场的定价原则，工资等于边际产品，也就是$(w) = A$。于是拥有人力资本存量h的父母所赚取的收入可以表达为：

$$I(h) = Ah \tag{3.13}$$

公式（3.13）虽然简单，但是具有十分重要的经济含义。它意味着个人的收入水平主要取决于自身的人力资本存量，并且两者之间是正相关的。经济学家明瑟（Mincer）曾经对两者之间的关系做过详细的研究，在此不做详细的论述。具有利他主义性质的父母关心的问题有两个：一是自身的消费；

另一个是子女未来的收入水平。由于收入水平与人力资本存量正相关，所以父母会关心子女的人力资本投资。父母将在自身消费和子女人力资本投资两个方面分配资源来达到自身效用的最大化，效用最大化的表达式：

$$U(c, \ h') = u(c) + Nh' \tag{3.14}$$

其中，h' 代表每个孩子的人力资本水平。人力资本获得的主要途径是学校教育，而孩子到学校接受教育是要付出成本的（这里不考虑教育的机会成本），从而会减少父母自身的消费。假设父母每多供孩子读一年书所付出的成本相当于减少 γ 单位的商品消费，那么在家庭收入既定的条件下，面临的约束条件可以表达为：

$$c = I(h) - \gamma eN \tag{3.15}$$

公式（3.15）中的 γ 可以视为每接受一年教育的成本（所放弃的消费数量），e 代表每个孩子接受的教育年数（这里假定所有孩子的教育年数是一样的），e 也是父母需要作出的决策。成年后，每个孩子的人力资本存量可以表示为：

$$h' = f(e, \ h, \ \lambda) \tag{3.16}$$

公式（3.16）是孩子的人力资本生产函数，λ 代表影响子女人力资本积累的其他因素。结合上面的公式，我们可以求解出目标函数的最优解，解的形式为：

$$e^* = \arg \max_e \{ u[I(h) - \gamma eN] + f(e, \ h, \ \lambda) \} \tag{3.17}$$

公式（3.17）虽然复杂，但是代表的经济含义很明确。那就是人力资本代际流动问题可以转化为父母为每个孩子选择最优教育年限的问题，此外公式（3.17）也是我们下文进行实证分析时进行解释变量选取的依据。为了简化模型，本书构建的这个模型并没有考虑每个孩子受教育年数的差异性问题。

五、人力资本代际流动与收入代际流动、收入差距的相关性

我们首先通过构建理论模型来分析人力资本代际流动与收入代际流动的相关性。模型假设代表性家庭包含一位（$t-1$）期出生的家长和一位 t 期出生的子女；家长在（$t-1$）的收入记为 $y_{i,t-1}$，政府的税率为 τ，那么家庭的

可支配收入为 $(1-\tau)y_{i,t-1}$。家长会把收入在自身消费 $(C_{i,t-1})$ 和对子女的人力资本投资 $(I_{i,t-1})$ 两种用途上进行配置。并且假定不存在储蓄行为，那么可以得到以下的约束方程式：

$$(1-\tau)y_{i,t-1} = C_{i,t-1} + I_{i,t-1} \tag{3.18}$$

家长对子女的人力资本投资会转化为子女的人力资本，我们得到子女人力资本积累的方程式：

$$h_{it} = \theta\log(I_{i,t-1} + G_{i,t-1}) + e_{i,t} \tag{3.19}$$

其中，h_{it} 代表子女的人力资本；θ 代表人力资本投资的边际产出；$G_{i,t-1}$ 代表政府的人力资本投资；$e_{i,t}$ 代表天赋（不受后天投资影响，因生物遗传与家长的天赋存在相关性），两者之间的关系式为：

$$e_{i,t} = \delta + \lambda e_{i,t-1} + V_{i,t} \tag{3.20}$$

其中，v_{it} 代表白噪声，λ 取值介于 $0\sim1$ 之间。方程（3.19）代表子女人力资本的组成部分，那么子女收入可以表示为：

$$\log y_{i,t} = \mu + ph_{i,t} \tag{3.21}$$

其中，p 为人力资本的收益率；μ 代表影响收入的其他偶然因素（如运气）。方程（3.18）~方程（3.21）是约束条件。我们把家长的效用函数定义为：

$$U_{i,t-1} = (1-\alpha)\log C_{i,t-1} + \alpha\log y_{i,t} \tag{3.22}$$

参数 α 为利他主义因子，取值在 $0\sim1$ 之间。把方程（3.18）~方程（3.21）代入方程（3.22），得到：

$$U_i = (1-\alpha)\log\left[(1-\tau)y_{i,t-1} - I_{i,t-1}\right] + \alpha\mu + \alpha\theta p\log(I_{i,t-1} + G_{i,t-1}) + \alpha p e_{i,t} \tag{3.23}$$

方程（3.23）的最优化条件是：

$$I_{i,t-1} = \frac{\alpha\theta p}{1-\alpha(1-\theta p)}(1-\tau)y_{i,t-1} - \frac{1-\alpha}{1-\alpha(1-\theta p)}G_{i,t-1} \tag{3.24}$$

方程（3.24）具有重要的经济含义：家长对子女的人力资本投资是家庭收入的增函数，是政府投资的减函数，说明政府投资对私人投资存在挤出效应；同时，对子女的人力资本投资也是利他主义程度的增函数，说明家长利他主义程度越强，对子女的人力资本投资越大；另外，家长对子女的人力资本投资也是 θp 的增函数，说明人力资本投资收益率越高，对子女的人力资本投资力度越大。

接下来，我们将方程（3.19）代入方程（3.21），得到：

$$\log y_{i,t} = \mu + p\left[\theta \log(I_{i,t-1} + G_{i,t-1}) + e_{i,t}\right] \tag{3.25}$$

再将方程（3.24）代入方程（3.25）得：

$$\log y_{i,t} = \mu + \theta p \log \frac{\alpha \theta p(1-\tau)}{1-\alpha(1-\theta p)} + \theta p \log\left\{y_{i,t-1}\left[1 + \frac{G_{i,t-1}}{(1-\tau)y_{i,t-1}}\right]\right\} + p e_{i,t}$$

$$\tag{3.26}$$

若比值 $\dfrac{G_{i,t-1}}{(1-\tau)y_{i,t-1}}$ 较小时，方程（3.26）可以近似改写为：

$$\log y_{i,t} \approx \mu + \theta p \log \frac{\alpha \theta p(1-\tau)}{1-\alpha(1-\theta p)} + \theta p \log y_{i,t-1} + \theta p \frac{G_{i,t-1}}{(1-\tau)y_{i,t-1}} + p e_{i,t}$$

$$\tag{3.27}$$

方程（3.27）说明收入代际传递受到政府对未成年人人力资本投资政策的影响，这里假设政策效果能够被描述为：

$$\frac{G_{i,t-1}}{(1-\tau)y_{i,t-1}} \approx \varphi - \gamma \log y_{i,t} \tag{3.28}$$

其中，γ 大于零，表示政府人力资本投资占家庭收入的比例随家庭收入而下降，呈梯度特性，并且 γ 越大，梯度越强。把方程（3.28）代入到方程（3.27）中，得到：

$$\log y_{i,t} \approx \mu^* + \left[(1-\gamma)\theta p\right]\log y_{i,t-1} + p e_{i,t} \tag{3.29}$$

其中，

$$\mu^* = \mu + \varphi \theta p + \theta p \frac{\alpha \theta p(1-\tau)}{1-\alpha(1-\theta p)} \tag{3.30}$$

方程（3.30）表示收入代际弹性。观察方程（3.30）可以发现，因为 $e_{i,t}$ 和 $e_{i,t-1}$ 是一阶自相关的，所以 $\log y_{i,t-1}$ 和 $e_{i,t-1}$ 是相关的。又由于 $\log y_{i,t}$ 和 $\log y_{i,t-1}$ 在稳态下具有相同的方程，所以两者之间的回归系数就是两者样本之间的相关系数，用 β 来表示，其值等于等式的斜率和一阶自相关系数之和，再除以 1 和两者乘积之和，具体方程式为：

$$\beta = \frac{(1-\gamma)\theta p + \lambda}{1 + (1-\gamma)\theta p \lambda} \tag{3.31}$$

方式（3.31）反映了收入代际弹性 β 与各变量之间的联系。一方面，人力资本代际流动描绘了子女人力资本相对于父母人力资本的变动性（变动中也体现相似性），两代人之间人力资本的流动性主要通过健康、智力的遗传和对子女的人力资本投资等途径。① 参数 λ 越大意味着子女对父母健康、智力等先天性禀赋的遗传性越高；参数 θ 与 p 越大意味着人力资本投资收益率越高，从而对高人力资本家长（收入也高）而言，其会增加对子女人力资本投资，使子女人力资本同样也高；而对于低人力资本（收入也低）家长而言，对子女的人力资本投资会受到收入约束，使子女人力资本同样也低。所以，这也说明家长与子女人力资本相似性较强，即代际人力资本流动性较低。另一方面，λ、p 和 θ 越高，方程（3.31）表明 β 越大，收入代际弹性越大，即收入代际流动性变小。综合来看，人力资本代际流动性与收入代际流动性具有内在一致性。

布劳和邓肯（Blau & Duncan，1967）在其非常具有影响力的著作《美国的职业结构》一文中详细分析了子女成就对其家庭背景的依存关系，并且把相类似的一系列代际依存关系描述成一个马尔科夫矩形②，用数学语言可以描述成下面的形式：

$$E_{t+1} = a + bE_t + \varepsilon_{t+1} \tag{3.32}$$

公式（3.32）中的 E_t 代表父母的禀赋，包括父母的职业、收入、受教育程度、文化价值观念等；E_{t+1} 代表子代中对应于父母代的禀赋；a 代表一个常数；b 是父母禀赋 E_t 的系数，代表着子代禀赋对父母禀赋的依存关系，b 的取值大小反映了这种依存关系的大小，同时也能够反映社会的代际流动机制是否具有公平意义。可以这样来理解：在同一个社会中，同一代人都被赋予的相同的禀赋。

b 的取值越大，则代表着这种代际流动机制越不具有公平意义。如果 b 的取值大于 1，那就意味着子女的禀赋要高于父母，而且随着时间的推移，下一代的禀赋要高过上一代的禀赋。b 的取值大于 1 还有另一层含义，如果父母这一代人的禀赋存在差距（这是必然的），那么子女这一代人的禀赋差距要高过父母这一代人的禀赋差距，随着时间的推移，每代人之间的禀赋差距越来越大，这样就形成了恶性循环，社会的公平机制遭到严重的破坏。但是，如果 b 的取值小于 1，情况正好相反，禀赋差距随着代际流动在每代人之间是递减的，最终每个人的禀赋趋近于某一个特定的数值，而不论期初的禀赋

---

① 人力资本代际流动的途径（包括直接途径和间接途径）将在本书后续章节进行详细论述。
② Blau P M，Duncan O D. The American Occupational Structure［M］. NY：Wiley，1967.

差距有多大，这是一种良性循环，社会最终会达到一种公平的状态。在这样一种社会状态下，富人的后代不一定同样也是富人，穷人的孩子最终会改善家庭状况而获得较高的收入，从而达到一种公平、和谐的社会状态。需要强调的是，a 的取值并不总是常数。例如，政府对个体的教育投资在不同地区存在差异性，那么对于那些教育投资充裕的地区，a 的取值相应的较大；而对于那些教育投资缺乏的地区，a 的取值相应的较小。从这一点上可以看出，政府的宏观政策也会对禀赋的差距产生影响，进而会影响到社会的公平性。

第四章

我国人力资本代际流动的测算

本章旨在对我国人力资本代际流动的现状进行描绘和分析。首先，对国内外主流的人力资本测算方法进行回顾，并结合国内微观数据库的特点，选择平均受教育年限作为本书人力资本的替代指标；其次，分别对三种人力资本代际流动的测算方法进行介绍；再次，分别利用人力资本代际流动的三种测算方法对我国人力资本代际流动的整体趋势以及按城乡、性别、民族和人力资本层次划分的不同群体进行比较分析；最后，进行国际人力资本代际流动性的比较分析。

第一节　人力资本的测算方法

一、人力资本的测算方法分类

从人力资本的定义和特征可以看出，与物质资本不同，人力资本是无形的，其存量水平无法直接获取，只能通过各种测算方法来间接获取。目前，国内外学者在研究过程中使用的人力资本测度方法多种多样。总结一下，对人力资本的测算主要有四类方法：成本测算法、收入测算法、教育指标测算法和综合指标测算法。下面分别对这四类测算方法的定义和测算思路进行阐述。

（一）成本测算法

成本测算法是借鉴物质资本存量的测算方法，运用永续盘存法对人力资本存量进行测算。该方法的核心思想是把人力资本资产化。具体来说，该方法利用成本核算的原理，把花费在人身上的全部投资性支出视为人力资本的价值。成本测算法在计算形式上比较简单，当期的人力资本存量等于上一期的人力资本存量加上当期的人力资本投资数量。在不考虑折旧的情况下，其用公式表示为：$H_t = H_{t-1} + I_t$。其中，H_t 为考察期 t 期人力资本存量，H_{t-1} 为第（$t-1$）期的人力资本存量，I_t 为考察期的人力资本投资。另外，按照永续盘存法的计算方式，第 t 期的人力资本存量 H_t 是过去各期有效投资 I_{t-s} 的加权和，权数 φ_s 表示资本品的相对效率系数，则 $H_t = \sum_{s=0}^{\infty} \varphi_s I_{t-s}$，或者简写成：$H_t = (1-\delta) H_{t-1} + I_t$。在该方程式中，决定当期人力资本存量的四个关键变量分别是：初期资本存量（H_0），第 t 期投资数量（I_t），人力资本投资价格指数（P_t）以及人力资本折旧率（δ）。这四个关键变量是需要进行估算的，估算方法借鉴了物质资本核算中的具体办法，在此从略。

（二）收入测算法

收入法又称基于资本收益的方法，就是依据人力资本在整个服务期内所能获得的收益回报的总现值来确定人力资本的当前价值水平，也可称之为收入法。在完全竞争的劳动力市场中，拥有较高人力资本存量的劳动者会获得较高的工资。收入法就是通过劳动者在劳动力市场上所获收益的现值来估算其人力资本存量的。该方法被认为是人力资本的比较准确的测量方法。在具体的测算过程中，收入测算法是运用并改进了乔根森（Jorgenson）和弗拉梅尼（Fraumeni）的终生收入法（简称 J－F 法），把一个国家（或区域）的人口按照性别、年龄、受教育程度分成不同的群体，然后加总不同群体的预期生命期的未来终生收入的现值得到一国（或区域）的人力资本存量。李海峥等（2010）采用了 J－F 法估算了 1985～2007 年全国总量人力资本、人均人力资本、不同性别的人力资本以及城镇农村人力资本。

（三）教育指标测算法

教育指标法作为人力资本水平的度量方法，计算和使用起来都比较方便，也是目前使用范围最为广泛、最为流行的一种方法。教育指标法主要有成人识字率、学校入学率、教育总年限和平均教育年限等。成人识字率是成人识字人数占总成人人数的比重。成人识字率作为人力资本的代表指标，其只能反映人力资本投资中最基本的那部分，而且隐含着成人识字率相同的国家或地区拥有相同的人力资本存量。学校入学率是指各年龄段学生入学人数与相应年龄段总人口数的比率。入学率是流量指标，用该指标作为人力资本的代表指标，也存在着诸多问题。根据入学率的定义，当下入学的学生并不能立即加入劳动力大军中，其获得的教育就无法应用于当下的生产活动，也就是说，当前劳动力身上的人力资本与当前的入学率并不具有稳定的正相关性，人力资本存量取决于入学率的滞后值，而这种滞后期的长短依赖于教育周期的期限。教育总年限是各级教育水平的劳动力人数与各级教育水平的教育年数乘积的累加值，它代表了现有劳动力接受的总的教育年数。平均教育年限指的是总教育年限除以劳动力的人数。

（四）综合指标测算法

尽管教育是人力资本积累的主要形式，但仅用教育指标代表人力资本存量则会忽略在职培训、健康等形式的人力资本投入，会造成人力资本存量的测量误差。为此，有些学者希望构建一个涵盖丰富内涵的人力资本综合指数，为人力资本测算方法提供新的思路。

例如，里斯本理事会为了测算欧盟成员国的人力资本水平，构建欧洲人力资本指数，该指数主要包括三个维度：即"人力资本禀赋"指数、"人力资本利用"指数以及"人力资本生产率"指数。其中，"人力资本禀赋"指数反映劳动者在正规教育、在职培训、家庭教育等方面的支出；"人力资本利用"指数则反映了总人口拥有的人力资本禀赋相对水平；"人力资本生产率"指数反映了从业人口人力资本禀赋所贡献的相对产出水平。我国学者敬嵩和雷良海（2006）借鉴联合国开发计划署 1990 年提出的人力发展指数（human development index，简称 HDI 指数），用各地区的从业人员数量与 HDI

指数相乘计算地区人力资本存量水平。HDI 指数是一个综合指标，包括人的健康状况（预期寿命指标）、智力程度（教育指标）和人的福利水平（人均GDP 指标），用以衡量地区国民生活质量水平。

二、各类测算法的比较

上文总共总结了四类人力资本测算方法，每种方法都有各自的优点，同时也有自己的缺点。在具体的实证研究过程中，根据研究问题的不同而选择不同的测算方法。表 4.1 列举了四类人力资本测算方法的相关测算指标、优缺点以及各自的适用性。

表 4.1　　　　　　　　　各类人力资本测算方法的比较

方法	关键测算指标	优点	缺点	适用性
成本测算法	政府、企业、家庭及个人在教育、培训、健康等方面的支出	基础数据容易获得、经济解释力强	折旧率的估算会影响到测算结果	研究人力资本存量货币价值
收入测算法	预期生命期内的市场性劳动收入	综合性强	基础数据较难获得，工作量大	反映人力资本长期投资而获得的收益
教育指标测算法	成人识字率、入学率、教育年限法	指标容易获取	指标仅仅反映人力资本的一个方面，容易以偏概全	使用范围广
综合指标测算法	教育、健康、社会保障等多维度	全面、多维度地反映人力资本存量	指标选取不统一，区域性指标难以获取	横向区域比较，纵向趋势比较

资料来源：根据各种测算方法的思想和计算方法总结而得。

三、本书人力资本的测算方法

本书研究的对象是人力资本代际流动，并且基于人力资本的实证研究较多，所以选择科学的人力资本测算方法非常关键。综合比较上述四类人力资本测算方法，本书选择教育指标法来测算人力资本，其原因主要有以

下三点:

首先,国内外很多文献都使用受教育的年数来度量人力资本,个体受教育的年数越长,说明其通过正式教育获得的知识、能力和技能就越多,虽然教育并不构成人力资本的全部,但无疑是人力资本的重要组成部分,而且教育和人力资本的其他构成部分存在正向相关性。

其次,使用受教育的年数来度量人力资本也符合本书的研究主题。"人力资本代际流动"也就是父母代人力资本与子代人力资本的相关性问题。父母对子女的人力资本投资是人力资本代际流动的一个重要途径,而对子女的人力资本投资主要体现为孩子的教育投资,所以使用教育测算法能够抓住问题的关键,而且使用起来方便,并且能够得到很多有益的结论。

最后,数据获得上的局限性。其他人力资本测算方法,如成本测算法、收入测算法需要计算口径一致、时间足够长的序列数据,而我国的微观数据库缺乏这方面的调查,而且多年的追踪数据库更小,难以获得口径一致、时间足够长的序列数据。但是,相关数据库对被调查者及其父母受教育程度有详细调查,且不用担心调查口径不一致的问题。

第二节 人力资本代际流动的测算方法

反映人力资本代际流动程度的方法并非是唯一的,借鉴以往学者对代际流动性的测算方法,本书在研究人力资本代际流动时,主要使用以下的三种测算方法来对我国人力资本代际流动的现状进行描绘。在进行实证分析之前,先对这三种测算方法的思想和计算过程进行阐述。

一、概率转换矩阵法

概率转换矩阵法是分析代际流动性的常用方法之一,它通过对调查数据的整理和计算,最终形成一个 n 行 n 列的矩阵。n 的取值取决于研究对象的分类,如果把研究对象(如教育层次)分为 5 类,那么 n 的取值就是 5,最终构成一个 5 行 5 列的矩阵。矩阵中第 i 行 j 列的元素 p_{ij} 表示父代是 j 类,其

子代属于 i 类的概率，并且各行的概率之和等于零。运用概率转换矩阵来衡量代际流动性的程度，最大的优势在于既能反映代际流动性的程度，也能反映代际流动性的方向。但是，该方法的最大劣势在于比较复杂，整个社会的代际流动性只有通过 $n \times n$ 个数字才能反映出来，从而造成代际流动性在不同时期和不同地区之间的比较分析存在难度。鉴于此，学者们提出了多种能够反映概率转换矩阵内容的转换系数，运用各种转换系数来综合反映概率转换矩阵所代表的信息。最常见的转换系数有三种。以研究人力资本代际流动为例，下面分别对它们的界定进行诠释。

（1）$M_1 = \dfrac{1}{n}\sum_{i=1}^{n}p_{ii}$。从 M_1 的表达式上可以看出，它计算的是概率转换矩阵主对角线上各元素之和，也就是父子人力资本相同的概率，因此 M_1 又被称为"代际传承系数"或"不流动系数"。M_1 只反映了概率转换矩阵主对角线上的元素信息，只占概率转换矩阵全部信息的小部分，但是 M_1 代表的含义备受学者们青睐。M_1 的数值越大，代表人力资本代际流动性越小；反之，人力资本的代际流动性就越大。

（2）$M_2 = \dfrac{1}{n-1}\dfrac{1}{n}\sum_{j=1}^{n}\sum_{i=1}^{n}p_{ij}|i-j|$。从 M_2 的表达式上可以看出，它用来表示子代人力资本与父代人力资本之间的平均距离。M_2 的数值越大，代表子代人力资本与父代人力资本的平均距离越大，也就说明代际流动性越大。

（3）$M_3 = 1 - |\lambda_2(P)|$。$\lambda_2(P)$ 表示概率转换矩阵 P 的第二大特征值。M_3 的直观含义不容易表达，但是其取值越大，说明代际流动性越大。

二、人力资本代际弹性法

人力资本代际弹性也是衡量人力资本代际流动程度的重要测算方法之一。人力资本代际弹性是指父代人力资本增长 1% 所引起的子代人力资本的增长幅度。如果用回归方程式来表示，具体形式如下：

$$\ln h_c = \alpha_0 + \beta\ln h_f + \gamma X + \varepsilon \tag{4.1}$$

其中，h_c 和 h_f 分别代表子代和父代的人力资本存量，变量 X 表示影响子代人力资本形成的其他因素，ε 代表残差。回归方程式（4.1）中的估计参数 β 就代表人力资本代际弹性。β 的估计值越大，说明人力资本代际流动性越小；

反之，人力资本的代际流动性越大。相对于概率转换矩阵，人力资本代际弹性是用一个数值来表示人力资本代际流动的程度，方法更为简捷，并且所代表的含义更为容易理解。

三、人力资本代际增值率法

通常来说，随着经济社会的发展，下一代的人力资本存量要高于上一代的人力资本存量，那么两者之间的差额可以视为人力资本代际流动过程中的"增加值"。我们在进行人力资本代际流动程度的度量时，引入人力资本代际增值率的概念，可以考察人力资本的相对差距在代际的发展趋势。根据人力资本代际流动过程中的增加值，本书定义人力资本代际增值率：$R =$（人力资本代际流动的增加值）/父母代人力资本存量的最大值，用数学语言描述为：

$$R_t = \frac{h_t - h_{t-1}}{h_t} \times 100\% \tag{4.2}$$

通常来说，人力资本代际增值率的取值范围介于 0 ~ 1 之间，但是也存在两种特殊情况：一是人力资本代际增值率大于 1 的情况。这种情况出现在父母的人力资本存量很低，而子女的人力资本存量又很高的情况。例如，父母都未接受过教育，而子女都是大学生。二是人力资本代际增值率为负值的情况，这种情况出现在子女的人力资本存量低于父母的人力资本存量。例如，父母都接受过大学教育，而子女最高的受教育程度仅为高中的情况。与前面介绍的两种方法一样，人力资本代际增值率也能够反映人力资本代际流动程度。人力资本代际增值率越低，说明子女人力资本越接近父母的人力资本，意味着人力资本代际流动性较小；反之，意味着人力资本代际流动性越大。

第三节 我国人力资本代际流动的整体趋势

根据以往研究人力资本代际流动的文献，在不同的国家和地区乃至不同的时间，人力资本代际流动程度会表现出不同的特征，所以仅仅描述具体年份的人力资本代际流动程度具有一定的局限性，无法反映变化的趋势性。本节旨在对近些年来我国人力资本代际流动的总体趋势进行描述。本节的结构如下：第一，确定实证研究的数据来源，因为高质量的数据库才能保证得到可靠的实证结论；第二，分别使用前文介绍的三种方法对我国人力资本代际流动的状况以及趋势性进行实证研究，并对实证研究得出的结论进行解释。

一、数据的来源与处理

本节选择中国综合社会调查数据库（CGSS）作为实证研究的主要数据来源。因为 CGSS 是我国第一个全国性、综合性、连续性的大型社会调查项目，该调查项目每隔一年或者两年（大部分是一年）进行一次调查，调查的密度大、范围广。另外，该数据库抽样方法科学、样本多且具有代表性，很多文献在进行实证研究时都选用该数据库。

本书在进行实证研究之前，先对原始数据进行处理。具体处理过程如下：首先，父母代的受教育程度是指父母中受教育程度的最高值，子代既包括儿子也包括女儿；其次，在所有的个体中，删除学生等未完成教育者；再次，选取信息完整的父子两代人。此外，在历年的 CGSS 统计数据中，对父母、子女受教育层次的分类分别为不识字、没有受过任何教育、私塾、小学、初中、普通高中、职业高中、技校、中专、大专（全日制教育与成人教育）、本科（全日制教育与成人教育）、研究生及以上等类型。分类层次较多，并且有些调查年份的分类存在不一致的现象。因此，统一教育层次的分类及相同教育层次教育年限的设定非常关键。本书根据以往文献对教育层次分类和教育年限的设定，把各调查年份的教育层次统一划分为没有受过教育（同时包括不识字和私塾）、小学、初中、高中（包括普通高中、职业高中、技校和中专）、大专（不包括成人大专）、本科及以上（不包括成人本科）六类，并且受教育年限分别设定为 3 年、6 年、9 年、12 年、15 年和 16 年。

以 CGSS（2012）为例，表4.2 是父母代受教育程度和子代受教育程度的描述性统计。其他年份的父母代受教育程度和子代受教育程度的描述性统计见表4.3～表4.6。从表4.2 可以看出，父亲的受教育程度平均来说要高于母亲，父亲受教育程度为没有接受任何教育和小学的占比要小于母亲，而其他更高层次教育的占比要高于母亲；有超过一半的母亲没有接受任何教育。对于子女来说，教育程度占比最大的是初中，并且基本实现了脱盲化，也就是小学以下教育程度的占比为 0 或者非常小。子女教育程度的提高得益于中国经济社会领域发生的一系列变革，例如，改革开放和义务教育政策的实施。这些政策环境的改变对于国民受教育程度的提高具有积极的推动作用。

表 4.2　　　　　　　　　2012 年父母、子女受教育程度的分布统计

受教育年限（年）	子女		父亲		母亲		父母	
	各层次教育的样本量	占比（%）	各层次教育的样本量	占比（%）	各层次教育的样本量	占比（%）	各层次教育的样本量	占比（%）
3	—	—	3667	39.40	5349	57.48	3423	36.78
6	2497	26.83	2867	30.81	2310	24.82	2838	30.50
9	3121	33.54	1482	15.93	976	10.49	1563	16.80
12	2674	28.73	1024	11.00	583	6.26	1195	12.84
15	505	5.43	96	1.03	39	0.42	104	1.12
16	509	5.47	170	1.83	49	0.53	183	1.97
总量	9306	100	9306	100	9306	100	9306	100

资料来源：根据 CGSS（2012）数据库整理计算而得。

表 4.3　　　　　　　　　2006 年父母、子女受教育程度的分布统计

受教育年限（年）	子女		父亲		母亲		父母	
	各层次教育的样本量	占比（%）	各层次教育的样本量	占比（%）	各层次教育的样本量	占比（%）	各层次教育的样本量	占比（%）
3	22	3.25	242	35.80	346	51.18	235	34.76
6	78	11.54	210	31.07	182	26.92	198	29.29
9	255	37.72	132	19.53	100	14.79	140	20.71
12	231	34.17	75	11.09	42	6.21	82	12.13
15	51	7.54	10	1.48	5	0.74	13	1.92
16	39	5.77	7	1.04	1	0.15	8	1.18
总量	4676	100	4676	100	4676	100	4676	100

资料来源：根据 CGSS（2006）数据库整理计算而得。

表4.4　　　　　　　　2008 年父母、子女受教育程度的分布统计

受教育年限（年）	子女		父亲		母亲		父母	
	各层次教育的样本量	占比（%）	各层次教育的样本量	占比（%）	各层次教育的样本量	占比（%）	各层次教育的样本量	占比（%）
3	0	0.00	1516	36.25	2296	54.90	1462	34.96
6	890	21.28	1444	34.53	1228	29.36	1446	34.58
9	1711	40.91	820	19.61	489	11.69	835	19.97
12	1117	26.71	335	8.01	143	3.42	367	8.78
15	304	7.27	37	0.88	15	0.36	38	0.91
16	160	3.83	30	0.72	11	0.26	34	0.81
总量	4182	100	4182	100	4182	100	4182	100

资料来源：根据 CGSS（2008）数据库整理计算而得。

表4.5　　　　　　　　2010 年父母、子女受教育程度的分布统计

受教育年限（年）	子女		父亲		母亲		父母	
	各层次教育的样本量	占比（%）	各层次教育的样本量	占比（%）	各层次教育的样本量	占比（%）	各层次教育的样本量	占比（%）
3	470	8.65	2348	43.59	3234	59.67	2234	41.08
6	1377	25.34	1491	27.68	1258	23.21	1489	27.38
9	1704	31.35	898	16.67	616	11.37	964	17.73
12	1329	24.45	527	9.78	275	5.07	620	11.40
15	278	5.11	51	0.95	19	0.35	57	1.05
16	277	5.10	71	1.32	18	0.33	74	1.36
总量	5435	100	5435	100	5435	100	5435	100

资料来源：根据 CGSS（2010）数据库整理计算而得。

表 4.6　　　　　　　　2015 年父母、子女受教育程度的分布统计

受教育年限（年）	子女		父亲		母亲		父母	
	各层次教育的样本量	占比（%）	各层次教育的样本量	占比（%）	各层次教育的样本量	占比（%）	各层次教育的样本量	占比（%）
3	0	0.00	3859	41.48	5527	59.41	3602	38.72
6	2394	25.73	2648	28.46	2131	22.91	2636	28.33
9	3267	35.12	1515	16.29	965	10.37	1601	17.21
12	2670	28.70	1016	10.92	585	6.29	1173	12.61
15	435	4.68	101	1.09	41	0.44	111	1.19
16	537	5.77	164	1.76	54	0.58	180	1.93
总量	9303	100	9303	100	9303	100	9303	100

资料来源：根据 CGSS（2015）数据库整理计算而得。

　　为了分析我国人力资本代际流动程度，本书利用 2006 年、2008 年、2010 年、2012 年和 2015 年的 CGSS 数据库进行子女受教育程度和父母受教育程度相关性的实证研究。本书研究的主要目的是考察人力资本代际流动程度的趋势，选择每隔一年或两年的 CGSS 数据库作为研究样本既可以减少计算过程，也不会影响人力资本代际流动程度的变化趋势。表 4.7 是对历年 CGSS 数据中父母代和子代出生年份的描述性统计。从表 4.7 可以看出，子女出生日期的期望值随着调查统计年份的不同而发生变化，从最初的 1962 年（2006 年的调查）增加到 1972 年（2015 年的调查）。除了子女的出生日期以外，父母出生日期的期望值在每个调查年份也是不同的，并与子女出生日期一样呈现出逐渐增加的趋势，这样通过每个调查年份的 CGSS 统计数据而计算出来的人力资本代际流动程度能够体现随时间推移而发生的趋势性。

表 4.7　　　　历年 CGSS 数据库中父母和子女出生年份的期望值

类别	CGSS（2006）	CGSS（2008）	CGSS（2010）	CGSS（2012）	CGSS（2015）
父亲	1932	1935	1937	1939	1941
母亲	1934	1937	1939	1941	1943
子女	1962	1964	1966	1969	1972

资料来源：根据历年 CGSS 数据库整理而得。

二、基于概率转换矩阵的整体趋势分析

表4.8～表4.12是使用历年CGSS数据库计算得到的概率转换矩阵表。由于把受教育层次划分为6类，我们得到的是6×6的矩阵，并且矩阵的每行之和等于1。通过分析表4.8～表4.12，概率转换矩阵表反映出一些共同的特征：首先，处于主对角线或者主对角线两侧的数据相对较大，而其他位置的数据相对较小，这说明我国子代人力资本等、略高于或略低于父代人力资本的可能性最大，子代人力资本与父代人力资本具有一定的相似性。其次，人力资本代际流动性的方向取决于父代人力资本水平的大小。父代人力资本越高，那么人力资本代际向上流动的概率减少，向下流动的概率则增大；父代人力资本越低，人力资本代际向上流动的概率增大，而向下流动的概率减少。当父代受教育程度为小学时，其子代受教育程度实现向上流动的概率为90.53%；而当父代受教育程度为大专以上时，子代受教育程度实现向上流动的概率仅为18.18%（见表4.8）。同样当父代受教育程度为普通高中（包括技校、中专和职业高中）时，其子代受教育程度实现向下流动的概率为29.95%，而当父代受教育程度为小学时，其子代受教育程度实现向下流动的概率仅为5.00%（根据表4.11）。最后，在调查数据中，被访问者（包括其父母）受教育程度高于大专及以上尤其本科及以上的比例非常少，所以概率转换矩阵的最后两行和最后两列存在一定的误差。例如，表4.9中，当父母受教育层次的最大值为大专时，其子女受教育年数实现向上流动的比例仅为5.88%，而同样在表4.10中，这一向上流动的概率为31.71%，远远大于前者，这说明调查样本中处于这一教育层次的人数比较少，容易产生误差。但是这并不会影响本书的结论，因为本书主要考察人力资本代际流动的趋势性，而并非具体数值的大小。

表4.8　　　　父代—子代受教育年数的概率转换矩阵表（2006年）

父代受教育年数的最大值	子代受教育年数						向上流动	向下流动
	3	6	9	12	15	16		
3	10.31	18.32	35.88	26.34	5.73	3.44	89.69	0
6	1.23	8.23	39.51	34.16	12.76	4.12	90.53	1.23

续表

父代受教育年数的最大值	子代受教育年数						向上流动	向下流动
	3	6	9	12	15	16		
9	0.00	6.62	29.41	46.32	10.29	7.35	63.97	6.62
12	0.00	2.33	13.95	43.02	27.91	12.79	40.70	16.28
15	0.00	0.00	13.64	45.45	22.73	18.18	18.18	59.09
16	0.00	0.00	27.27	9.09	36.36	27.27	0	72.73

资料来源：根据 CGSS（2006）数据库整理计算而得。

表 4.9　　　　父代—子代受教育年数的概率转换矩阵表（2008 年）

父代受教育年数的最大值	子代受教育年数						向上流动	向下流动
	3	6	9	12	15	16		
3	19.29	34.08	32.28	12.03	1.60	0.72	80.71	0
6	6.45	23.76	40.77	22.90	4.54	1.58	69.79	6.45
9	2.44	10.39	38.07	34.57	10.29	4.24	49.10	12.83
12	1.71	6.55	22.22	39.32	18.80	11.40	30.20	30.48
15	0.00	5.88	14.71	52.94	20.59	5.88	5.88	73.53
16	2.99	0.00	10.45	37.31	29.85	19.40	0	80.60

资料来源：根据 CGSS（2008）数据库整理计算而得。

表 4.10　　　　父代—子代受教育年数的概率转换矩阵表（2010 年）

父代受教育年数的最大值	子代受教育年数						向上流动	向下流动
	3	6	9	12	15	16		
3	14.08	35.55	31.16	15.15	2.62	1.45	85.92	0
6	3.49	23.92	35.22	26.97	6.54	3.86	72.59	3.49
9	1.31	10.86	32.20	32.20	12.43	10.99	55.63	12.17
12	2.68	6.83	22.68	31.95	20.49	15.37	35.85	32.20
15	1.22	0.00	18.29	28.05	20.73	31.71	31.71	47.56
16	1.28	1.28	11.54	32.05	19.23	34.62	0	65.38

资料来源：根据 CGSS（2010）数据库整理计算而得。

表 4.11　　父代—子代受教育年数的概率转换矩阵表（2012 年）

父代受教育年数的最大值	子代受教育年数						向上流动	向下流动
	3	6	9	12	15	16		
3	18.02	29.96	32.38	14.89	3.01	1.74	81.98	0
6	5.00	20.18	40.56	21.77	7.48	5.00	74.82	5.00
9	2.09	10.75	33.23	27.05	14.37	12.52	53.93	12.84
12	1.98	5.54	22.43	27.04	21.37	21.64	43.01	29.95
15	0.00	0.78	7.75	21.71	30.23	39.53	39.53	30.23
16	0.59	1.78	7.69	22.49	26.63	40.83	0	59.17

资料来源：根据 CGSS（2012）数据库整理计算而得。

表 4.12　　父代—子代受教育年数的概率转换矩阵表（2015 年）

父代受教育年数的最大值	子代受教育年数						向上流动	向下流动
	3	6	9	12	15	16		
3	17.91	30.67	31.43	15.35	2.63	2.01	82.09	0
6	4.49	21.45	38.76	21.80	8.02	5.48	74.07	4.49
9	1.86	9.48	33.31	27.80	14.59	12.97	55.35	11.35
12	1.05	6.69	22.18	27.03	21.92	21.13	43.04	29.92
15	0.73	0.73	9.49	21.90	27.01	40.15	40.15	32.85
16	0.64	3.82	8.92	22.29	25.48	38.85	0	61.15

资料来源：根据 CGSS（2015）数据库整理计算而得。

以上介绍了表 4.8 至表 4.12 的一些共同特征，下面我们分析这五个表格所隐含的人力资本代际流动程度的趋势性。首先，我们计算概率转换矩阵主对角线上的各元素之和，也就是父子人力资本相同的概率，我们用符号 M_1 来表示。从表 4.8 到表 4.12，M_1 的数值分别为：140.97、148.02、157.50、169.53 和 165.56。需要强调的是，由于调查数据库样本选取的原因，表 4.9 中数据值的第五行第六列出现了异常值（5.58），所以在表 4.9 中，本书在计算 M_1 时进行了一定的处理，即把大专和本科以上的学历进行了合并，148.02 是经过处理后得到的数据。从这五个数值的趋势可以看到，除了表 4.11 计算的数值（169.53）以外，整体上呈现出递增的趋势。根据前文对 M_1 含义的介绍，这意味着随着时间的推移，我国人力资本代际流动性在下降。本书考虑到随着经济社会的发展和国家对教育投资力度的加大，子代受教育程度的平均值要高于父代的受教育程度。例如，根据 CGSS 的调查数据，子代受教育程度的均值与父母代受教育程度的均值之差接近于 3，所以我们计算主对角线和主对角线相应元素右侧数据的和，得到的 M_1 数值分别为：291.21、294.53、312.67、328.00、324.86。从这一系列数值的趋势上来看，也呈现出递增的特征，得出的结论与前面具有一致性，人力资本代际流动程度的趋势性是下降的。

M_1 只是反映了主对角线上元素的信息，而没有考虑其他元素的信息，这也导致测算结果具有一定的局限性。我们使用另一种方法来表示这些概率转换矩阵所隐含的信息：分别计算每一个概率转换矩阵的特征值，然后选择第二大的特征值，最后用 1 减去这一特征值（如前文所述 $M_3 = 1 - |\lambda_2(P)|$），得到的结果分别为：0.74、0.69、0.62、0.54、0.58。通过分析该系列数值，可以看到整体上呈现出递减趋势，并且也存在着波动性，但是总体趋势是递减的。而 M_3 所代表的含义恰好与 M_1 是相反的，即数值越小代表代际间流动性越小，反之就越大。所以这里得到的结论也是随着时间推移，人力资本代际流动性存在递减趋势。通过概率转换矩阵法的分析，得到我国人力资本代际流动性随着时间推移呈现出逐渐减弱的特征。以上使用了衡量人力资本代际流动程度的第一种方法，下文我们分别使用人力资本代际弹性和人力资本代际增值率来对我国人力资本代际流动的趋势性进行实证研究。

三、基于人力资本代际弹性的整体趋势分析

（一）实证研究模型的构建

本节我们使用第二种方法，即人力资本代际弹性法来测算我国人力资本代际流动性的趋势。简单来讲，该方法是估计一个参数值，并通过该参数值来反映人力资本代际流动的程度。在进行实证研究之前，我们需要首先构建实证研究模型。该数据模型的主要控制变量是父母代的受教育程度和子代的受教育程度。模型的具体形式如下：

$$\ln E^{child} = \alpha_E + \lambda_E \ln E^{parent} + \mu_E X + \varepsilon \qquad (4.3)$$

在公式（4.3）中，$\ln E^{child}$和$\ln E^{parent}$分别代表子女、父母中最高受教育者的受教育年限（取对数），X表示与$\ln E^{parent}$不相关的其他影响子女受教育程度的因素，ε是残差。影响子女受教育程度的其他因素包括父母的职业、户口类型、是否是党员，以及自身的户籍、年龄、性别等因素。公式（4.3）的参数λ_E表示人力资本代际弹性，衡量父代受教育程度提高1%，子代受教育程度提高的百分比。λ_E越大，意味着人力资本代际流动性越弱；反之，人力资本的代际流动性越强。λ_E的取值一般介于0～1之间。除了可以用λ_E来衡量人力资本代际流动性的程度外，我们也可以用ρ_E来衡量人力资本的代际流动程度，ρ_E与λ_E的具体函数关系形式为：

$$\rho_E = \left(\frac{\sigma_{E,t-1}}{\sigma_{E,t}} \right) \lambda_E \qquad (4.4)$$

在公式（4.4）中，$\sigma_{E,t-1}$、$\sigma_{E,t}$分别表示父代人力资本和子代人力资本的标准差，由于λ_E的取值介于0～1之间，所以ρ_E的取值范围一般也介于0～1之间。与人力资本代际弹性（λ_E）不同，父代人力资本与子代人力资本的代际相关系数（ρ_E）考虑了代内人力资本分布的离散程度，两代人的人力资本分布离散程度的不同，会使得ρ_E的取值与λ_E的取值存在一定的差别。在实践中，人力资本代际弹性更容易估计，且不会因为子代人力资本的测算误差而产生估计偏误，所以下面的实证研究使用λ_E来测算我国人力资本代际流动程度及其变动的趋势。

（二）实证研究模型的估计方法

本书选用最小二乘法（OLS）作为实证研究的估计方法，该方法简单易处理，在大样本的情况下，能够得到一致性的估计，并且我们主要考察人力资本代际流动程度的趋势性，而非绝对数值的大小。表4.13是以CGSS（2010）为例，通过OLS回归得到的输出结果。

通过表4.13，我们可以看到人力资本代际弹性为0.353，也就是说父代的受教育程度增加1%，会引起子代的受教育程度增加0.353%。同时，回归结果还显示年龄对人力资本产生了负向影响。无论是父代受教育程度还是子代的年龄都在1%的水平下显著。

表4.13　　　　　　　　我国人力资本代际弹性的回归结果（一）

变量	子代的受教育程度
父代的受教育程度	0.353 *** （28.05）
子代的年龄	− 0.0026 *** （− 4.14）
常数项	2.168 *** （60.73）
R^2	0.213
样本量	5809

注：①父代的受教育程度指父亲、母亲受教育程度中的最大值；②（）内的数值为 t 统计值；③ *** 、** 和 * 分别代表在1%、5%和10%水平下显著。

（三）我国人力资本代际流动程度的趋势性

这一部分主要考察人力资本代际弹性随时间推移的变化趋势；我们同样使用 OLS 方法来估算父代受教育程度对子代受教育程度的边际弹性，回归结果汇总在表4.14中。

表4.14　　　　　　　　我国人力资本代际弹性的回归结果（二）

变量	子代受教育程度				
	2006 年	2008 年	2010 年	2012 年	2015 年
父代受教育程度	0.293 *** （9.20）	0.369 *** （28.76）	0.379 *** （45.13）	0.385 *** （49.22）	0.402 *** （50.58）
常数	1.968 *** （35.52）	1.770 *** （84.26）	1.725 *** （74.94）	1.711 *** （127.91）	1.678 *** （122.91）
R^2	0.110	0.165	0.197	0.210	0.228
N	4676	4182	5882	9303	9306

注：①父代的受教育程度指父亲、母亲受教育程度中的最大值；②（）内的数值为 t 统计值；③ *** 、** 和 * 分别代表在1%、5%和10%水平下显著。

在时间段 2006～2015 年内，随着时间的推移，父代受教育程度的回归系数逐渐增大，且模型的拟合系数（可决系数）也是逐渐增大的（见表4.14）。

这说明人力资本代际弹性逐渐增大，意味着我国人力资本代际流动的程度是逐渐减弱的。这与我国教育体制和政策背景的改革是密不可分的。自新中国成立以来，我国一直在进行教育体制的改革，从刚开始推行的教育机会均等化到后来的"精英化"教育改革模式。这一系列的改革都会对教育的代际流动性产生影响。改革开放以来，我国实行的是"精英化"教育模式，教育资源的分配使每个孩子面临的教育机会是不均衡的。受教育程度较低的父母一般生活在农村地区，或者城市的郊区；相反，受教育程度较高的父母一般会生活在城市中心区。我国教育资源在城乡的分配是不均衡的，农村地区的学校基础设施比较薄弱，并且师资队伍的年龄偏大、整体的受教育程度也比较低。相比农村，城市地区的学校基础设施比较先进，教育经费的投入也较高，学校老师的年龄结构比较合理，且受教育程度都比较高，教学理念和教学方法比较合理。这种农村地区和城市地区教育资源的差异会反映在孩子的学业成绩上。平均来看，农村地区的孩子学业成绩不如城市，中考和高考的升学率要落后于城市地区。而且，随着时间的推移，这种差距越来越明显。相关研究表明，在重点高校每年的招生人数中，农村生源的数量和比例逐年在下降。这就是说在农村地区，父母的受教育程度低，其子女的受教育程度也要低；而在城市地区，父母的受教育程度高，其子女的受教育程度也要高。也就是说子女的受教育程度受父母教育程度的影响较大，这是我国教育代际流动性逐渐减弱的一个原因。另外，我国在20世纪90年代末期实行了"大学扩招"政策，招生规模有了较大幅度的提高。但是进入21世纪后，每年进入劳动力市场的大学毕业生数量也屡创新高，大学生就业难成为社会存在的热点问题，尤其对于广大的农村大学毕业生。在这种背景下，"读书改变命运"的观念逐渐开始动摇。在一些农村地区，很多孩子在读完初中甚至初中未毕业就辍学在家，这也导致了农村地区的孩子受教育程度仍然偏低，降低了农村地区的人力资本代际流动性，从而使得我国整体教育代际流动性逐渐减弱。

（四）我国人力资本代际流动趋势性的稳健性检验（一）

上面对我国人力资本代际流动程度趋势性的判断还缺乏充足的论证，需要对趋势性进行稳健性检验。具体的方法是：加入其他控制变量如性别、年龄、城乡户口、民族、地域、父母职业等，这些因素都会影响到子女的受教育程度。然后重新进行回归分析，考察人力资本代际弹性的趋势性，这样可以对表 4.14 所得到的结论进行稳健性检验。表 4.15 是在加入其他控制变量后得到的回归结果。加入的控制变量包括：子女的性别、年龄、民族和父亲是否为党员、是否为农民等。可以看到，在加入其他控制变量后，父代受教育程度的估计系数要小于前面实证研究得到的估计系数，但是两者随时间推移的变化趋势是一致的，即人力资本代际弹性逐渐增大，意味着人力资本代际流动程度逐渐减弱。前面分析了人力资本代际流动程度呈现出递减趋势的原因，那么这种趋势会对经济社会产生什么样的效应呢？人力资本代际流动性减弱意味着父代人力资本与子代人力资本的相似性增强，这会引起社会阶层的相对僵化。如果根据人力资本存量的高低划分低、中、高等一系列的阶层，人力资本代际流动性减弱意味着低人力资本阶层的子女很难上升到高人力资本阶层；人力资本是收入的重要决定因素，这在一定程度上不利于收入代际流动。当然，这只是一种逻辑上的判断，后文将通过实证研究来考察人力资本代际流动与收入代际流动之间的关系。

表 4.15　　　　　　　**我国人力资本代际弹性的回归结果（三）**

变量	子代受教育程度				
	2006 年	2008 年	2010 年	2012 年	2015 年
子女性别	0.124 * (2.47)	0.141 *** (7.59)	0.218 *** (12.12)	0.110 *** (8.92)	0.131 *** (10.56)
民族	− 0.0073 (− 0.14)	0.420 *** (4.14)	0.179 *** (5.17)	0.157 *** (7.35)	0.144 *** (6.45)
子女年龄	− 0.0057 ** (− 2.63)	− 0.0068 *** (− 8.37)	− 0.0137 *** (− 18.22)	− 0.0067 *** (− 14.11)	− 0.0083 *** (− 17.71)
父代受教育程度	0.225 *** (6.25)	0.242 *** (16.26)	0.244 *** (21.10)	0.246 *** (26.73)	0.253 *** (27.12)
父亲是党员	0.028 (0.43)	0.134 *** (4.02)	0.125 *** (4.52)	0.116 *** (6.76)	0.058 *** (3.34)

变量	子代受教育程度				
	2006 年	2008 年	2010 年	2012 年	2015 年
父亲是农民	- 0. 212 *** (- 3. 96)	- 0. 278 *** (- 13. 25)	- 0. 350 *** (- 18. 02)	- 0. 332 *** (- 24. 09)	- 0. 355 *** (- 25. 86)
常数项	2. 351 *** (17. 11)	2. 351 *** (44. 70)	2. 198 *** (36. 98)	2. 196 *** (56. 49)	2. 282 *** (56. 42)
R^2	0. 150	0. 224	0. 235	0. 277	0. 294
样本量	4676	4182	5445	9303	9306

注：①父代的受教育程度指父亲、母亲受教育程度中的最大值；② ( ) 内的数值为 t 统计值；③ *** 、** 和 * 分别代表在1% 、5% 和10% 水平下显著。

(五) 我国人力资本代际流动趋势性的稳健性检验 (二)

我们继续对人力资本代际流动的趋势性进行稳健性检验。把符合条件的样本按照出生日期划分为若干群体，得到新中国成立以来的五个群体，即50年代、60年代、70年代、80年代和90年代出生的群体。从实证回归结果可以看出 (见表4.16)，不同年代出生群体的人力资本代际流动程度是不一样的。50年代出生群体的代际流动程度最高，而90年代出生群体的代际流动程度最低，趋势上呈现"递减"的特征。实证结果也说明了近年来，我国人力资本代际流动程度随着时间推移是不断递减的。由于本书通过改变解释变量的个数以及样本的数量，均得到相同的结论，所以实证结论具有稳健性，即我国人力资本代际流动程度出现了递减的趋势。

表 4. 16　　　　我国人力资本代际弹性的回归结果 (四)

变量	子代受教育程度				
	1950 ~ 1959 年出生	1960 ~ 1969 年出生	1970 ~ 1979 年出生	1980 ~ 1989 年出生	1990 年以后出生
子女性别	0. 165 *** (5. 97)	0. 120 *** (4. 95)	0. 126 *** (4. 93)	0. 093 ** (2. 94)	0. 023 (0. 39)
民族	0. 049 (0. 91)	0. 045 (1. 06)	0. 208 *** (4. 50)	0. 264 *** (4. 81)	0. 203 * (2. 40)

续表

变量	子代受教育程度				
	1950~1959 年出生	1960~1969 年出生	1970~1979 年出生	1980~1989 年出生	1990 年以后出生
子女年龄	-0.029 *** (-5.99)	-0.015 *** (3.36)	-0.021 *** (-4.81)	-0.014 * (-2.44)	-0.008 *** (-3.84)
父代受教育程度	0.140 *** (6.54)	0.208 *** (11.83)	0.277 *** (14.52)	0.318 *** (12.92)	0.354 *** (7.17)
父亲是党员	0.075 * (2.03)	0.083 ** (2.60)	0.075 * (2.23)	0.071 (1.56)	0.118 (1.17)
父亲是农民	-0.353 *** (-11.90)	-0.361 *** (-13.10)	-0.367 *** (-12.11)	-0.373 *** (-10.68)	-0.112 (-1.79)
常数项	3.700 *** (12.52)	1.316 *** (5.93)	2.644 *** (14.23)	2.330 *** (12.87)	1.297 (0.16)
R^2	0.181	0.225	0.258	0.273	0.290
样本量	1720	2183	2012	1504	318

注：①父代的受教育程度指父亲、母亲受教育程度中的最大值；②（ ）内的数值为 t 统计值；③ *** 、** 和 * 分别代表在1%、5%和10%水平下显著。

四、基于人力资本代际增值率的整体趋势分析

（一）我国人力资本代际增值率测算的代际划分

前面都是从家庭的角度来定义的"代际关系"，本部分将从社会的角度来定义"代际关系"，并考察这两种"代际关系"下的人力资本代际流动程度是否具有内在的一致性。新中国成立至今已经走过了近七十个年头，如果按照20年为"一代"划分的话，那么这七十年可以形成三个"两代之间的代际关系"。但是，由于每个时间点上并不总是能够获得相关的原始数据，所以我们必须根据数据资料来划分各代的起始时间点。根据能够获得到的人口普查数据或者人口抽样调查数据，本书把1964年的全国性人口普查作为起始时间点，并利用随后在1982年、1990年、2000年和2010年的四次全国性人口普查数据来划分为三个"两代之间的代际关系"，分别用符号 R_1、R_2 和

R_3 来表示。具体的划分过程为：

R_1 代表第一个"两代之间的代际关系"，起始年份分别为 1964 年和 1982 年，时间间隔为 18 年，大致上符合 20 年的代际周期。R_2 代表第二个"两代之间的代际关系"，起始年份分别为 1982 年和 2000 年，时间间隔也为 18 年，也大致上符合 20 年的代际周期。R_3 代表第三个"两代之间的代际关系"，起始年份分别为 1990 年和 2010 年，时间间隔为 20 年，完全符合 20 年的代际周期。根据以上的划分方法，我们就形成了 R_1、R_2 和 R_3 三个代际关系。

（二）人力资本代际增值率的测算

上文已经交代原始数据来源于自 1964 年来的五次全国性人口普查数据。本项测算依然使用平均受教育年限来作为人力资本的替代指标，用 15 岁及以上的人口作为研究对象，把受教育层次分为五级：文盲半文盲、小学、初中、高中、大专及以上。并且按照国际上的惯例，把相应受教育层次的年数分别设定为 0 年、6 年、9 年、12 年和 16 年。这里需要强调的是，1964 年的数据为 6 岁及以上人口的平均受教育年数，但是胡鞍钢等（2002）估算的 15 岁及以上人口的平均受教育年数为 2.22 年，本书对 1964 年 15 岁及以上人口的平均受教育年数借鉴胡鞍钢的估算数值，其他年份的人口普查数据均有 15 岁及以上人口受教育层次的分类。

表 4.17 是人力资本代际增值率的测算结果。需要说明的是，在分性别计算人力资本代际增值率时，上一代的人力资本是按性别分开计算的，而下一代的人力资本是按总体计算的（不再分男女）。因为无论男性还是女性，他们的下一代既包括男性也包括女性。

表 4.17　　　　　我国人力资本代际增值率的测算结果（一）

人力资本代际增值率（%）	全国		
	总体	男性	女性
R_1	203.36	135.42	380.85
R_2	68.81	40.77	111.94
R_3	54.38	37.42	77.57

资料来源：根据 1964 年以来的五次全国性人口普查数据整理计算而得。

（三）我国人力资本代际增值率测算结果的分析

我们从表 4.17 中可以看出：在第一个"两个代际"，无论是总体、男性还是女性，其人力资本代际增值率非常高，分别为 203.36%、135.42% 和 380.85%，增长了 2～3 倍。而与此相比，第二个"两个代际"和第三个"两个代际"的人力资本代际增值率有了很大幅度的下降。第一个"两个代际"的人力资本代际增值率之所以如此高，主要是由于 1964 年的人均受教育年数太小，导致出现如此较高的人力资本代际增值率，而并非是由于 1982 年的人均受教育年限很高。实际上，1982 年的人均受教育程度还没有达到小学程度。此后的人力资本代际增值率恢复到了正常的区间。通过表 4.17 还可以看出，女性的人力资本代际增值率要高于男性。

为了更加严谨，表 4.18 把"下一代"区分了男性和女性，分别计算了男性人力资本和女性人力资本，并基于此来计算男性和女性的人力资本代际增值率。同表 4.17 相同，女性人力资本代际增值率要高于男性。原因也比较容易解释：女性人力资本通常要低于男性人力资本。在新中国成立以后，无论在观念上还是在现实中，男女在受教育机会上逐渐实现了平等，女性的受教育程度相比男性有了更大的提高，所以女性的人力资本代际增值率要高于男性。

表 4.18　　　　　　　　我国人力资本代际增值率的测算结果（二）

人力资本代际增值率（%）	全国		
	总体	男性	女性
R_1	203.36	182.29	282.98
R_2	68.81	50.00	96.94
R_3	54.38	44.27	71.60

资料来源：根据 1964 年以来的五次全国性人口普查数据整理计算而得。

从另一层含义来理解，人力资本代际增值率越高，意味着两代人之间的人力资本差距越大，也就是说人力资本代际流动性越高，或者说人力资本代际相似程度越低。通过我国人力资本代际增值率逐渐递减的趋势，这在一定程度上说明我国人力资本代际流动性是在递减的。结合上文的分析，本部分总共使用了概率转换矩阵、人力资本代际弹性和人力资本代际增值率等三种方法来衡量我国人力资本代际流动的程度。虽然方法不同，但是得到的结论具有一致性，即我国人力资本代际流动程度呈现出递减的趋势。

第四节　我国人力资本代际流动的群体差异

前面分析了我国人力资本代际流动程度在近些年的变化趋势，得出我国人力资本代际流动程度随时间推移而逐渐减弱；但是并没有考虑人力资本代际流动程度在不同群体之间的差异性，而这些差异性背后往往隐藏着一些规律性。下面分别就性别之间、民族之间和城乡之间的人力资本代际流动程度进行比较分析，并就不同群体间的差异性进行解释。由于我们只是分析男性和女性、汉族和少数民族、农村和城市等群体人力资本代际流动程度的差异性，并不单独考虑每个群体人力资本代际流动程度的趋势性，所以我们的实证研究是在 CGSS（2015）的调查数据下进行的。

一、性别差异

表 4.19 是使用 CGSS（2015）计算的我国男性、女性的人力资本代际弹性。可以看到，男性与女性的人力资本代际弹性是不同的；其中男性的人力资本代际弹性要小于女性，意味着男性的人力资本代际流动程度要高于女性。主要的原因在于：在我国大部分家庭中，父母更愿意供男孩去读书；尤其在面临着家庭收入约束时，女孩往往更容易成为辍学者。这就意味着男孩更容易冲破家庭背景对其接受教育所造成的不利影响，而女孩在接受教育过程中，往往会因家庭收入拮据等因素放弃教育，受家庭背景的影响更大。在现实社会中，当家庭（尤其是农村家庭）因收入约束而无法同时供应两个孩子（假设一个男孩和一个女孩）同时上学时，大多数情况下，女孩会放弃学业。根据第六次全国人口普查显示，2010 年 6 岁以上人口中女性平均受教育年限较

10 年前提高了 1.3 年，与男性的差距比 10 年前缩小 0.2 年，但是仍然低于男性。所以，我们需要继续采取有效措施依法保障女性平等受教育权。

表 4.19　　　　　　　　　男性、女性的人力资本代际弹性

变量	子代受教育程度	
	男性	女性
父代的受教育程度	0.246 *** （19.48）	0.258 *** （18.79）
民族	0.150 *** （4.81）	0.139 *** （4.41）
子代的年龄	− 0.007 *** （− 10.88）	− 0.010 *** （− 15.08）
父亲是党员	0.066 ** （2.76）	0.052 * （2.05）
父亲是农民	− 0.282 *** （− 14.86）	− 0.446 *** （− 22.58）
常数项	2.293 *** （40.34）	2.440 *** （43.04）
R^2	0.255	0.346
样本量	5081	4225

注：①父代的受教育程度指父亲、母亲受教育程度中的最大值；②（ ）内的数值为 t 统计值；③ *** 、 ** 和 * 分别代表在 1% 、5% 和 10% 水平下显著。

二、民族差异

表 4.20 反映的是少数民族和汉族人力资本代际弹性的差异性。可以看到，少数民族的人力资本代际弹性要高于汉族，说明汉族的人力资本代际流动性更高。我国是一个多民族的国家，汉族是主体民族，人口占全部人口的 90% 以上。与少数民族相比，汉族自古更加重视对子女的教育，只要孩子愿意上学，家庭会全力支持。对于一些不富裕的家庭，每年收入的绝大部分都用于孩子上学所需的学费、书本费和生活费。而且随着经济的发展，孩子的教育水平通常要超过父母，使得教育代际流动性较大。而对于少数民族而言，一是父母对子女教育的重视程度不如汉族父母；二是少数民族在语言上与汉族人民存在一定程度的差异，而我国实行普通话教育，这会在一定程度上影响到少数民族孩子的学业成绩；三是很多少数民族生活在西部地区，生活环境相对劣于东中部地区，经济发展程度也比较低，教育的基础设施、教育的

投入都不如东、中部地区，这也会影响到孩子的学业成绩和教育程度。正是由于这些原因，导致少数民族地区的孩子教育向上流动的可能性要降低，即代际间教育流动性比较低，也就是说教育的代际相似程度要高于汉族。少数民族的受教育水平本来就落后于汉族，且人力资本代际流动性也要低于汉族，这阻碍了教育在民族之间的均衡发展。国家要加大对中西部、偏远、贫困的少数民族地区公共教育的投入力度，促进教育的均衡发展。

表4.20　　　　　　　　　少数民族、汉族的人力资本代际弹性

变量	子代受教育程度	
	少数民族	汉族
父代的受教育程度	0.264 *** （7.99）	0.252 *** （25.89）
性别	0.123 ** （2.89）	0.132 *** （10.19）
子代的年龄	− 0.005 ** （− 3.30）	− 0.008 *** （− 17.52）
父亲是党员	0.009（0.15）	0.063 *** （3.47）
父亲是农民	− 0.387 *** （− 7.72）	− 0.353 *** （− 24.68）
常数项	2.159 *** （17.94）	2.440 *** （66.72）
R^2	0.187	0.215
样本量	770	8536

注：①父代的受教育程度指父亲、母亲受教育程度中的最大值；②（）内的数值为 t 统计值；③ *** 、 ** 和 * 分别代表在1%、5%和10%水平下显著。

三、城乡差异

表4.21反映了农村和城市的人力资本代际弹性的差异性。从数字上来看，农村的人力资本代际弹性要小于城市，也就是说农村的人力资本代际流动性更高。这里主要有两点原因：一是农村地区的父母受教育水平通常比较低，绝大部分只完成了小学学历和初中学历，还有一部分父母（尤其是年龄较大的女性）没有完成小学或者没有上过学。而这部分父母的子女正处于我国义务教育开始实施或已经实施的时期，所以子女的教育程度更容易高过父母，也就是说教育代际流动性较大。二是由于城市的资源分配多于农村，工

作的舒适度和生活的便利性要好于农村，所以农村人更愿意搬到城市生活。由于我国存在二元户籍制度，使得农村户口的居民无法直接成为城市户口，通过上大学成为城市户口是一条主要途径，所以农村孩子会努力的学习功课，通过高考升入大学；而农村父母也希望孩子脱离农村，支持孩子去考大学。正是由于这两条原因，使农村孩子的教育水平更容易高过自己的父母，也就是说农村地区教育代际流动性更高，这也意味着农村地区教育代际相似程度更弱。而且，农村地区教育水平的提高有利于农业科技创新，例如，卢中华（2014）发现农业企业科技创新包括内部科技创新和外部科技创新两个部分，二者的有机整合促进了农业科技创新系统的发展，从而有利于提高农村地区的收入水平。[①]

表 4.21 　　　　　　　　　　农村、城市的人力资本代际弹性

变量	子代受教育程度	
	农村	城市
父代的受教育程度	0.216 *** （14.74）	0.274 *** （22.38）
性别	0.195 *** （12.01）	0.046 * （2.40）
民族	0.153 *** （5.56）	0.134 *** （3.56）
子代的年龄	−0.008 *** （−13.76）	−0.008 *** （−12.09）
父亲是党员	0.053 （1.84）	0.055 * （2.48）
常数项	1.950 *** （39.61）	2.308 *** （38.47）
R^2	0.146	0.232
样本量	5311	3995

注：①父代的受教育程度指父亲、母亲受教育程度中的最大值；②（ ）内的数值为 t 统计值；③ *** 、** 和 * 分别代表在 1%、5% 和 10% 水平下显著。

四、不同层次人力资本上的差异

上面的回归方法使用的都是 OLS 方法。根据 OLS 方法的特点，结果反映

① 卢中华. 国家农业科技创新系统研究 [M]. 西安：西安交通大学出版社，2014 (12)：40 - 44.

的是父代教育程度在平均水平上对子代教育的边际影响。而且，这种影响是线性的，不随父母教育水平的变化而变化。随着计量经济学的发展，我们不但能够分析父母教育对子女教育的线性影响，而且可以分析非线性影响。分位数回归法就是分析这种非线性影响的方法之一。分析不同父母受教育层次下的人力资本代际流动程度具有十分重要的意义：一是揭示人力资本代际流动程度本来的"面目"；二是可以根据不同分位数下的回归结果制定有差异性的政策，促进教育的均衡发展。分位数回归法是科恩克和巴塞特（Koenker & Basset，1978）最先提出的，分析方法和 OLS 方法存在差异性，在我们的研究中，它的基本原理是求解下述方程的最小值：

$$\min_{\beta \in R^K} \sum_{i \in \{i: E_t^{child} \geqslant X_i\beta\}} \theta \left| E_t^{child} - X_i\beta \right| + \sum_{i \in \{i: E_t^{child} < X_i\beta\}} (1 - \theta) \left| E_t^{child} - X_i\beta \right| \qquad (4.5)$$

其中，E_t^{child} 为被解释变量，代表子女的受教育层次，X_i 为解释变量（列向量），既包括父母的受教育层次，还包括父母特征变量、子女特征变量中其他影响子女教育程度的因素，β 为解释变量的估计系数，θ 就是我们分析的分位数。

表 4.22 是在不同分位数下计算的人力资本代际弹性，是利用 CGSS（2015）数据库得到的回归结果。我们可以看到，在不同父母教育水平上，人力资本代际弹性是不同的。具体而言，在低分位数上，人力资本代际弹性值较小；在高分位数上，人力资本代际弹性值较大。这意味着高教育阶层的教育代际流动性较弱，而低教育阶层的教育代际流动性较强。这种教育代际弹性的差异可以用"地板效应"和"天花板效应"来解释。"地板效应"是指父母本身就具有较低的教育水平，那么子女教育高过父母的可能性就很大。"天花板效应"是指对自身教育水平较高的父母而言，子女教育高过自身的可能性会变小；而我国又正处于经济发展的加速时期，教育等各项事业不断进步，子女教育水平一般不会低于父母。回归结果还揭示我国教育代际流动有利于教育的均衡发展，因为对于那些受教育程度低的父母来说，他们的孩子有更高的概率比自己接受更长时间的教育。表 4.22 的回归结果还表明，在低分位数上，父代的受教育程度比较低，而这些父母的年龄也相对较大，出生年份比较早；在高分数上，情况恰好相反，这些父母的出生年份比较晚；所以高分数上的人力资本代际弹性高于低分位数上的人力资本代际弹性，一定程度上也反映了我国人力资本代际弹性随时间推移而逐渐增大，即人力资本代际流动性逐渐减弱。

表 4. 22 不同分位数下的人力资本代际弹性

变量	子代教育程度			
	1/4 分位数	2/4 分位数	3/4 分位数	4/4 分位数
父代的受教育程度	0. 253 *** (27. 12)	0. 259 ** (3. 00)	0. 271 *** (23. 20)	0. 300 *** (10. 98)
性别	0. 131 *** (10. 56)	0. 160 ** (2. 93)	0. 149 *** (7. 25)	0. 086 (1. 77)
民族	0. 144 *** (6. 45)	0. 161 ** (2. 61)	0. 169 *** (4. 42)	0. 140 * (2. 32)
子代的年龄	− 0. 008 *** (− 17. 71)	− 0. 008 ** (− 2. 97)	− 0. 010 *** (− 14. 17)	− 0. 005 * (− 2. 12)
父亲是党员	0. 058 *** (3. 34)	0. 067 (1. 94)	0. 041 (1. 81)	0. 011 (0. 61)
父亲是农民	− 0. 357 *** (− 25. 86)	− 0. 440 *** (− 4. 99)	− 0. 415 *** (− 19. 08)	− 0. 223 *** (− 5. 35)
常数项	2. 282 *** (56. 42)	2. 454 *** (18. 47)	2. 854 *** (44. 70)	2. 875 *** (18. 35)
R^2	0. 294	0. 203	0. 186	0. 183
样本量	9306	9306	9306	9306

注：①父代的受教育程度指父亲、母亲受教育程度中的最大值；②（）内的数值为 t 统计值；③ *** 、 ** 和 * 分别代表在 1% 、 5% 和 10% 水平下显著。

第五节 国外人力资本代际流动的经验分析

本节我们考察其他国家和地区的人力资本代际弹性（见表 4.23）。由于在实证研究中，都使用教育作为人力资本的替代指标，并且相同的教育层次被赋予了同样的权重，因此实证结果具有一定的可比性。通过对表 4.23 的分析，可以得到下面的几个结论。首先，从人力资本代际弹性的大小来看，各个国家和地区的人力资本代际弹性存在较大的差距，从不足

0.2 到 0.45。这说明人力资本代际流动程度在不同国家和地区之间存在较大的差距。其中美国和英国的教育代际弹性要高于德国、法国和北欧国家，意味着美国和英国的教育代际流动性要低于这些国家。其次，对于同一个国家而言，不同年份的人力资本代际弹性是不一样的，而且同一国家的不同地区也存在着差异性。例如，美国和法国的人力资本代际弹性随着时间的推移是增大的，而且母子受教育程度的关联性通常要大于父子之间的关联性。通过美国和法国的情况看到，人力资本代际流动程度随着时间推移而呈现出递减的趋势是很多国家和地区所共有的特征，前面的实证分析证实我们国家也具有这种特征。但是，北欧国家（如瑞典和挪威）一方面人力资本代际相似性程度比较小，另一方面这种相似程度的变化趋势非常弱。值得一提的是，丹麦、芬兰、挪威等北欧国家对贫困和偏远地区的教育投入比例相对更高，从而有利于人力资本代际流动性的改善。最后，根据前面的实证研究，得到了我国人力资本代际弹性。通过比较我国与表 4.23 所列举的这些国家和地区的相关数值，可以看到我国人力资本代际弹性并不算太高，这说明我国人力资本代际流动性并不算太低（与所列举的这些国家和地区相比）。可以看出，我国所采取的一系列改革措施是富有成效的。例如，我国实施的教育体制改革，这项改革让那些弱势阶层的子女同样享受了接受教育的平等机会；我国还实施了义务教育政策，这都充分说明了我国教育改革具有十分重要的意义。既有利于整体国民教育水平的提升，也有利于教育水平在不同人群的均衡增长。我们知道，教育是人力资本的核心组成部分，人力资本又是收入的主要决定因素，教育水平的均衡发展有利于改善我国的收入分配状况。

表 4.23　　　　　　　　　　不同国家和地区的人力资本代际弹性

作者	研究的国家或区域	使用的数据库	人力资本测算方法	人力资本代际弹性（IGR）
普克和维杰韦尔格（Plug & Vijverberg, 2001）	威斯康星州（美国）	美国威斯康星州追踪调查	受教育年限	父子（0.227）母子（0.230）
穆里根（Mulligan, 1997）	美国	美国收入动态面板调查（PSID）	受教育年限	父子（0.32）母子（0.33）

作者	研究的国家或区域	使用的数据库	人力资本测算方法	人力资本代际弹性（IGR）
伯翰和陶伯曼（Berham & Taubman，1985）	美国	美国国家科学院国家研究委员会（NASNRC）双胞胎调查数据	受教育年限	父子（0.19~0.27）
奥克兰（Olneck，1977）	卡拉马祖地区（美国密歇根州）	卡拉马祖居民抽样调查数据	受教育年限	父子（0.45）
迪尔登等（Dearden et al.，1997）	英国	国家儿童发展研究（NCDS）	受教育年限	父子（0.424）父女（0.415）
考奇和邓恩（Couch & Dunn，1997）	德国和美国	德国社会经济调查数据和PSID	受教育年限	德国（0.24）美国（0.42）
本·哈利马、朱索和海利尔（Ben - Halima，Chusseau & Hellier，2012）	法国	FQP（1993）和FQP（2003）	受教育年限	父子（0.25）且1993~2003年是逐渐增加的
法布雷和穆勒（Fabre & Moullet，2004）	法国	FQP（1993）	受教育年限	父子（0.31）母子（0.29）
霍尔姆隆德等（Holmlund et al.，2011）	瑞典	瑞典对1943~1955年出生人口的行政管理记录（SAR）	受教育年限	父子（0.23）母子（0.28）
彼尤曼、林达尔和普拉穆（Björklund，Lindahl & Plug，2006）	瑞典	SAR（1999）	受教育年限	父子（0.24）母子（0.24）
布莱克、德韦罗和萨尔瓦多（Black，Devereux & Salvanes，2005）	挪威	挪威行政记录（NAR）	受教育年限	父子（0.22）母子（0.24）

注：相关文献均使用国际上通用的教育分类方法和相似的回归方程式，实证结果具有一定可比性。
资料来源：数据根据研究"人力资本代际流动国际比较"的主流文献整理而得。

表 4.24 是用另一种指标来反映各个国家的人力资本代际流动程度，数值与表 4.23 中的数值计算方法不同，具体的计算过程为：$IGEC = (\sigma_{E,t-1}/\sigma_{E,t}) \times$

IGR，其中 $\sigma_{E,t-1}$ 和 $\sigma_{E,t}$ 分别代表父母代、子代受教育程度的离散情况。也就是说 *IGEC* 的取值不仅仅依赖于 *IGR*，而且还取决于父母代、子代受教育程度标准差的比值。从表 4.24 可以看出，意大利和美国的人力资本代际相似程度要大于其他的国家，说明这两个国家的人力资本代际流动性比较低。相比而言，丹麦的人力资本代际相似程度比较低，这意味着该国存在较高的人力资本代际流动性。结合表 4.23，我们发现美国的人力资本代际流动程度要小于北欧国家（芬兰、丹麦等），而又通过比较它们之间的基尼系数，可以发现美国的基尼系数也要高于北欧国家（如芬兰、丹麦等）。我们将在下面的章节中论述不同国家代际间流动性和基尼系数之间的关系。

表 4.24　　　　　　　　　不同国家的人力资本代际相关系数

国家	人力资本代际相关系数（*IGEC*）
意大利	0.54
美国	0.46
瑞典	0.40
荷兰	0.36
挪威	0.35
芬兰	0.33
丹麦	0.30

注：相关文献均使用国际上通用的教育分类方法和相似的回归方程式，实证结果具有一定可比性。

资料来源：根据研究"人力资本代际流动国际比较"的主流文献整理而得。

第六节　本章小结

本章主要目的是考察我国人力资本代际流动的现状。

（1）对国内外主流的人力资本测算方法进行了回顾，包括成本测算法、收入测算法、教育指标测算法和综合指标测算法；分析了各类测算方法的优缺点和各自的适用性；并结合国内微观数据库的特点，选择平均受教育年限作为本文人力资本的替代指标。

（2）介绍了人力资本代际流动程度的测算指标，包括概率转换矩阵法、人力资本代际弹性法和人力资本代际增值率法等，并对每种方法的思想和计算过程进行阐述。

（3）选用实证研究使用的数据库（历年 CGSS），对数据库进行数据的筛选和核心变量的描述性统计，然后利用计量方法对我国人力资本代际流动程度进行实证分析，主要考察人力资本代际弹性随时间的变化趋势，并对趋势性进行稳健性检验，结果发现人力资本代际弹性呈现递增的趋势，这种逐渐递增的趋势说明我国人力资本代际流动性在下降。此外，分别使用人力资本代际流动概率转换矩阵和人力资本代际增值率的方法考察我国人力资本代际流动程度的变化趋势，均得到与前面一致的结论。

（4）首先，对调查样本按照性别、民族和户口类型分成不同的群体，分析不同群体人力资本代际弹性的差异性，并结合现实情况，解释差异性出现的原因。其次，考虑到父代人力资本对子代人力资本的影响具有非线性的特征，使用分位数回归法来分析不同人力资本层次上的人力资本代际弹性的差异性，并对差异性的原因进行了解释。最后，根据国外主流期刊上的文献，利用国外学者计算整理的代表性国家和地区的人力资本代际弹性的数值，分析其他国家和地区人力资本代际流动的状况，这样能够结合这些国家经济社会的特征，为我国的经济社会改革提供一些政策启示。

第五章

我国人力资本代际流动的内在机制

第一节　父母人力资本对子女人力资本的影响路径

常识和经验研究（Behrman et al.，1997；Case & Deaton，1999）都表明，父母人力资本与子女人力资本存在正相关关系。例如，受过高等教育父母的子女上大学的可能性要高于受过小学教育父母的子女，这说明子女的人力资本与父母的人力资本具有相关性。那么，父母人力资本是如何"遗传"给子女的呢？或者说，父母人力资本对子女人力资本的影响路径是什么？根据经济学家贝克尔（Becker）的思想，父代的人力资本会通过两种途径来影响子代的人力资本。第一种途径体现为人力资本较高的家长（教育程度较高）会通过言传身教的方式来提升子女的人力资本水平。第二种途径体现为人力资本水平较高的家庭往往有较高的收入水平，从而会提高对子女的人力资本投资，使子女同样拥有较高的人力资本水平。从更宽广的角度来看，对于该问题的研究，既是广义社会流动性研究的一部分，也能体现代际流动机制研究的重要意义。

一、父母人力资本对子女人力资本的直接影响路径

父母人力资本对子女人力资本的直接影响路径主要包括遗传与家庭教育两种。

（1）遗传。遗传属于生命科学领域的研究范畴，这里的具体含义是指子女会继承父母的健康、智力、语言、逻辑等认知能力，而这些因素都是人力资本的重要组成部分，并且这些因素对教育成就的获得起到关键性的作用。很多研究证实了子女的健康和智力、语言、逻辑等认知能力与父母具有很强的相关性。首先，健康的"遗传"可以在现实社会中找到众多例证。主要体现为：健康的妈妈在孕育孩子的过程中能够大幅度降低胎儿患各种疾病的可能性。国外的实证研究也证实了抽烟、酗酒等不健康生活习惯的妈妈所生婴儿患各种疾病的可能性更大。其次，虽然孩子智力受到多种因素的影响，遗传无疑是其中的重要因素之一。国外有很多这方面的实证研究。实证结果发现：同卵双胞胎的智力比异卵双胞胎的智力更加接近；生物学意义上的关系越接近，智力水平也表现出"越接近"的特征；从小在孤儿院成长的孩子（未婚出生），其智力水平接近于未曾谋面的生父。最后，语言和逻辑能力的遗传也可以找到很多例证。很多有语言障碍（如口吃、诵读困难等症状）的人通常有患同样症状的爷爷奶奶、父母或兄弟姐妹，而且也有国外的实证研究证实了父母的语言能力对孩子有显著性的影响，虽然得到的结论不尽相同。

（2）家庭教育为子女后天能力的培养和价值观的形成奠定了重要的基础。例如，良好的家庭教育不但直接把父母的人力资本传递给子女，并且能够通过营造有利于子女健康成长的和谐家庭环境来间接的促进子女人力资本的形成。例如，在家庭环境中，父母主要通过亲子沟通的形式向子女传递知识、技能和教育成就，这些都是父母向子女进行人力资本传递的直接途径。如果亲子沟通的质量越高，那么子女人力资本积累的效果就越好。这方面也有相关的实证研究，父母的受教育水平越高，那么其与孩子进行沟通的效果往往越好。而这种沟通的效果会通过孩子的学习成绩体现出来，亲子沟通越好的家庭，孩子的学习成绩和学习兴趣也会相应提高。具体到父亲、母亲的亲子沟通时，通常认为母亲陪伴孩子的时间更长，从而母亲通过亲子沟通的方式对孩子人力资本积累的影响更大，这要求我们更加重视母亲与孩子沟通的效果。例如，女性在家庭运营中及在养育子女的过程中具有不可替代的地位。不仅在中国社会，纵观世界各国，女性与子女的联系都要超过男性，母亲与子女相处的时间会大大超过父亲陪伴子女的时间，因此母亲家庭教育的方式、方法会直接影响到子女人力资本的形成。

二、父母人力资本对子女人力资本的间接影响路径

父母人力资本对子女人力资本的间接影响路径是指父母代的人力资本还会通过某种介质以一种间接的方式对子女的人力资本产生影响，具体会影响到子女的人力资本投资意愿、方式及效率，进而对子女的人力资本积累产生显著性的影响。结合现实社会的情况及国内外学者的研究结论，在父母人力资本对子女人力资本的间接影响路径中，充当媒介的主要有两种因素，它们分别为：收入和时间。此外，对于女性而言，生育率也是一种重要的媒介。下面将分别对这几种媒介在人力资本代际流动中的作用进行分析。

（一）以收入为媒介的影响路径

如同物质资本一样，人力资本投资是增加人力资本的主要途径，人力资本投资的形式有很多种，包括教育投资、医疗保健投资、培训、迁移等。其中，前两种是最主要的投资形式。影响人力资本投资的因素有很多，最主要的因素是收入。从家庭的角度来看，对子女的人力资本投资是其人力资本积累的最主要因素，而影响人力资本投资的最主要因素是家庭收入。如果家庭的收入较高，那么用于子女教育投资、医疗保健投资的数量就会较多，子女的人力资本水平也会较高；反之，子女的人力资本水平就会较低。根据舒尔茨（Schultz）和明瑟（Mincer）等经济学家的观点，人力资本是一个综合概念，包括知识、技能、经验、劳动熟练程度和健康，是决定个人收入水平的最重要因素。对于一个家庭而言，收入主要取决于父母的人力资本水平。接下来，我们进一步梳理父母人力资本如何通过收入来影响子女的人力资本。

随着父母人力资本水平的提高，家庭收入水平也随之提高，这会使子女人力资本投资的收入约束性降低，子女上学有了更多的物质保障。而且从平均水平上来看，子女会接受更高层次的教育，教育又是人力资本的核心组成部分，所以子女也会有较高水平的人力资本。另外，父母的高人力资本往往意味着父母的教育层次也比较高，这会给子女形成一定的示范效应，从而有

利于提高子女的人力资本水平。

关于人力资本与收入之间的关系已经达成共识：人力资本水平越高，收入水平就越高，下面通过数据分析收入水平与人力资本投资之间的关系。表5.1是我国部分年份农村居民家庭的人均纯收入和各项人均消费支出。统计的消费支出包括食品、医疗保健、交通通信、文教娱乐用品及服务等方面的支出。其中，食品与医疗保健消费能够提高人们的身体素质，交通通信消费有利于人们的就业迁移，而文教娱乐用品及服务消费能够提升人们的知识和技术水平。所以，这些消费支出都具有人力资本投资的性质，也就是人力资本投资型的消费。那么这些消费支出与人均纯收入是什么关系呢？从表5.1可以看出，农村居民家庭的食品、医疗保健、交通通信、文教娱乐用品及服务等方面的支出随着收入的增长均呈现不断上升的趋势；食品支出由1985年的183.43元增加到2017年的3415.40元，医疗保健支出由1985年的7.65元增加到2017年的1058.70元，交通通信支出由1985年的5.48元增加到2017年的1059.10元，文教娱乐用品及服务支出由1985年的12.45元增加到2017年的1171.30元。这些支出的增加提高了人们的人力资本水平。也就是说，父母人力资本通过增加家庭收入而使得各项具有人力资本投资性质的消费支出增加，从而会使得子女的人力资本得到增加。

表5.1　　　　　　农村居民家庭的人均纯收入和各项人均消费支出　　　　　单位：元

年份	人均纯收入	食品支出	医疗保健支出	交通通信支出	文教娱乐用品及服务支出
1985	397.60	183.43	7.65	5.48	12.45
1990	686.31	343.76	19.02	8.24	31.38
1995	1577.74	768.19	42.48	33.76	102.39
2000	2253.42	820.52	87.57	93.13	186.72
2005	3254.93	1162.16	168.09	244.98	295.48
2010	5919.01	1880.67	326.04	461.10	366.71
2014	10488.90	2814.00	753.90	1012.60	859.50
2017	13432.40	3415.40	1058.70	1509.10	1171.30

资料来源：根据1986~2018年《中国统计年鉴》整理而得。

表 5.2 反映的是城镇居民家庭的人均可支配收入和各项人均消费支出及其趋势。同农村家庭一样，城镇居民家庭的食品、医疗保健、交通通信、文教娱乐用品及服务等方面的支出也随着收入的增长均呈现不断上升的趋势。并且城镇居民家庭的人均可支配收入和各项人均消费支出都相应的高于农村，这也说明城镇居民家庭的人力资本投资数量要高于农村，这也说明城镇居民家庭的人力资本投资数量要高于农村。同农村家庭一样，城镇家庭的父母人力资本也是通过增加家庭收入而使得各项具有人力资本投资性质的消费支出增加，从而会使得子女的人力资本得到增加。

表 5.2　　　　　城镇居民家庭的人均可支配收入和各项人均消费支出　　　　单位：元

年份	人均可支配收入	食品支出	医疗保健支出	交通通信支出	文教娱乐用品及服务支出
1985	739.10	351.72	16.71	14.39	55.01
1990	1510.20	693.77	25.67	40.51	112.26
1995	4283.00	1766.02	110.11	171.01	312.71
2000	6280.00	1958.31	318.07	395.01	627.82
2005	10493.03	2914.39	600.85	996.72	1097.46
2010	19109.44	4804.71	871.77	1983.70	1627.64
2014	28843.90	6000.00	1305.60	2637.30	2142.30
2017	36396.20	7001.00	1777.40	3321.50	2846.60

资料来源：根据 1986～2018 年《中国统计年鉴》整理而得。

（二）以时间为媒介的影响路径

父母陪伴幼年的孩子就是一种人力资本投资（Becker，1986）。在这里我们更加强调爷爷奶奶对孙子孙女的陪伴，这就需要我们把代际的关系由二代扩展到三代。按照更加广义的理解，这也是一种代际流动。观察我们周围的家庭，会发现在绝大部分情况下，老年期的父母代、中年期的子女代、幼年期的孙子孙女代是重叠在一起的。由于中年期的子女代正处于工作的初期或者黄金期，所以无暇照顾处于幼年期的孙子孙女；大多数情况下，老年期的父母代（尤其中老年女性）会担负起照顾幼年期的孙子孙女代的责任，但是照顾孙子孙女的前提是拥有一个健康的身体。老年人的身体健康状况受到很多因素的影响，并且因人而异，但生活水平、医疗保健水平是影响身体健康的关键因素。那些受过较高教育水平、有正式工作或曾经有正式工作的老年人，其生活水平、医疗保健水平无疑要优于教育水平较低、没有正式工作的老年人，因此身体健康状况会更佳，就会有更多时间和能力去照顾孙子孙女，这样幼年时期的孙子孙女的人力资本投资就会更高，为以后的高人力资本奠定基础。另外，由于孙子孙女代有中老年的父母代的照料，处于中青年时期的子女也会有更多的时间和精力投入到工作中，我们知道"干中学"也是一种人力资本投资，所以这也有利于处于中青年时期的子女提高自身的人力资本水平。以时间为媒介的代际间人力资本传递途径的直观表示，见图5.1。

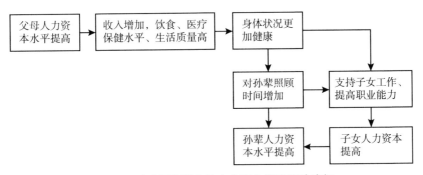

图5.1　以时间为媒介的人力资本代际流动路径

（三）以生育率为媒介的影响路径

贝克尔（Becker，1992）分析了孩子数量和质量之间的替代。后来的研究，包括对我们周围国家和地区的观察，会发现存在一条规律：经济发达国家或地区的妇女的受教育水平也较高，而经济落后地区的妇女受教育水平也较低；与之伴随的是，前者妇女的生育率较低，而后者妇女的生育率较高。这里的生育率可以把它理解为每个妇女一生平均生育的孩子数。此处需要解释清楚两个问题：一是受教育程度高的妇女平均生育的孩子数量会少；二是孩子数量的减少会如何影响孩子的人力资本水平。

首先解释第一个问题。图 5.2 是我国部分年份的总和生育率的趋势图。可以看出随着时间的推移，女性受教育程度在增加的同时，总和生育率也在下降。主要的原因如下：女性教育程度的提高意味着上学年限的增加，导致结婚年龄推迟，这种现象是显而易见的。结婚年龄的推迟导致了生育年龄的推迟和生育率的下降。国内外有大量的实证研究来验证女性受教育程度和生育次数的关系。刘铮（1992）的研究证明：女性受教育年限增加 1 年会使其终生生育的次数减少 0.179 次，那么据此推算，如果女性受教育年限增加 5.58 年，那么会使终生生育的次数减少 1 次。在我国，对于完成大学学业的女性，其先稳定自己的职业而后生育孩子的现象很普遍。并且随着女性受教育程度的提升，女性在家庭中的话语权也随之增强，大大提高了女性在家庭中的地位。根据一项针对我国男性和女性生育意愿的调查，相对于女性而言，男性更愿意生育男孩以及数量更多的孩子。那么女性话语权的增加，能够在一定程度上削弱男子的生育多孩子的意愿，从而降低生育率。另外，受教育程度高的女性与受教育程度同样高的男性结成伴侣的可能性更大，这样的家庭会选择生育更少的孩子，而会增加对孩子的教育、医疗保健投资，即用孩子的质量来替代数量。

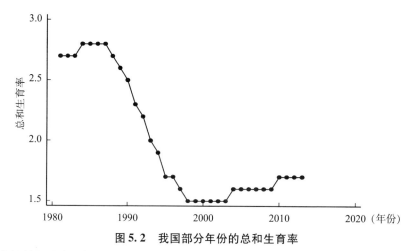

图 5.2　我国部分年份的总和生育率

资料来源：根据历年的《中国人口统计年鉴》整理绘制而成。

接下来解释第二个问题。生育率的下降意味着家庭孩子数量的期望值在减少，那么家庭孩子数量的减少会通过两种途径影响孩子的人力资本积累。一是在家庭收入既定的条件下，每个孩子会得到更高的人力资本投资，提升其人力资本水平。二是父母有更多的时间来陪伴孩子，而这种陪伴对孩子以后人力资本投资的效率具有十分重要的意义。表 5.3 是 2017 年我国 31 个省（区、市）的少儿抚养比和人均食品、医疗保健、交通通信、文教娱乐用品及服务等方面支出的数据。少儿抚养比是指某一国家（或地区）中少年儿童的人口数与劳动年龄的人口数之比，反映了每百名劳动年龄人口需要负担少年儿童的数量。生育率的下降意味着少儿抚养比的下降。从表 5.3 中可以看出，不同省份的少儿抚养比是不一样的；西藏和新疆的少儿抚养比比较高，而上海的少儿抚养比是最低的，只有 0.1312。那么少儿抚养比与各项消费支出是否具有相关性呢？通过分析少儿抚养比与各项消费支出总和的关系，发现二者呈现负相关关系。这就说明了生育率的下降能够提高人均人力资本投资的数量，从而提升子女的人力资本水平。

表 5.3　　　　　2017 年我国 31 个省（区、市）的少儿抚养比

和各项人均消费支出　　　　　　　　　单位：元

省份	北京	天津	河北	山西	内蒙古	辽宁	吉林	黑龙江
少儿抚养比	0.1425	0.1459	0.2557	0.2069	0.1791	0.1339	0.1651	0.1276
食品支出	7548.9	8647.0	3912.8	3324.8	5205.3	5605.4	4144.1	4209.0
医疗保健支出	2899.7	2390.0	1396.3	1359.7	1653.8	1999.9	1818.3	1791.3
交通通信支出	5034.0	3744.5	2290.3	1884.9	2914.9	3088.4	2218.0	2185.5
文教娱乐用品及服务支出	3916.7	2691.5	1578.8	1879.3	2227.8	2534.5	1928.5	1898.0

省份	上海	江苏	浙江	安徽	福建	江西	山东	河南
少儿抚养比	0.1312	0.1852	0.1615	0.2813	0.2567	0.3147	0.2549	0.3053
食品支出	10005.9	6524.8	7750.8	5143.4	7212.7	4626.1	4715.1	3687.0
医疗保健支出	2602.1	1510.9	1696.1	1135.9	1105.3	877.8	1484.3	1219.8
交通通信支出	4057.7	3496.4	4306.5	2102.3	2642.8	1600.7	2568.3	1698.6
文教娱乐用品及服务支出	4685.9	2747.6	2844.9	1700.5	1966.4	1606.8	1948.4	1559.8

省份	湖北	湖南	广东	广西	海南	重庆	四川	贵州
少儿抚养比	0.2199	0.2651	0.2232	0.3273	0.2752	0.2365	0.2253	0.3097
食品支出	5098.4	5003.6	8317.0	4409.9	5935.9	5943.5	5632.2	3954.0
医疗保健支出	1838.3	1424.0	1319.5	1075.6	1101.2	1471.9	1320.2	851.2
交通通信支出	1795.7	2042.6	3380.0	1878.5	1995.0	2310.3	2200.0	1781.6
文教娱乐用品及服务支出	1930.4	2805.1	2620.4	1585.8	1756.8	1933.0	1468.2	1783.3
省份	云南	西藏	陕西	甘肃	青海	宁夏	新疆	
少儿抚养比	0.2606	0.3414	0.2134	0.2433	0.2780	0.2511	0.3276	
食品支出	3838.4	4788.6	4124.0	3886.9	4453.0	3796.4	4338.5	
医疗保健支出	1125.3	271.5	1704.8	1233.4	1598.7	1553.6	1466.3	
交通通信支出	2033.4	1176.9	1760.7	1796.5	2409.6	2616.8	2382.6	
文教娱乐用品及服务支出	1573.7	441.6	1857.6	1537.1	1686.6	1955.6	1599.3	

资料来源：根据《中国统计年鉴（2018）》整理而得。

三、父母人力资本对子女人力资本影响路径的总结

图5.3 直观地反映了父母人力资本和子女人力资本之间的关联性，并描绘了它们之间发生关联性所依赖的几条主要路径。第一条路径包括健康、语言能力和智力的遗传，上文的分析把这些路径视为直接路径。第二条路径是非货币投资，包括父母的言传身教、亲子沟通等方式，这些方式虽然不需要投入金钱，但是无疑是影响子女人力资本的一条重要路径。父母在言传身教和亲子沟通的过程中，可以直接作用于子女的人力资本积累，从这个意义上讲，可以把这条路径也视为直接路径。第三条路径是货币投资，也就是对子女进行人力资本投资。例如，父母供孩子读书、报名让孩子参加各种补习班和兴趣班等。这条路径的实现需要父母金钱的投入；而父母的人力资本越高，收入也就越高。此外，母亲生育率的下降会增加对每个孩子的人力资本投资，所以这些路径可以视为间接路径。另外，父母的身体健康状况越好，就越会

增加对孙辈照顾的时间，从而使子女把更多的时间用于工作中，提升自身的工作能力，提高自身人力资本，从这个意义上说，这也是两代人人力资本发生关联性的一条间接路径。

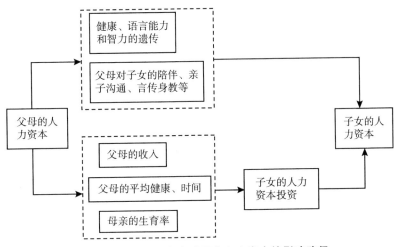

图5.3　父母人力资本对子女人力资本的影响路径

第二节　子代人力资本形成的影响因素

上一节主要论述了父母代人力资本对子代人力资本的影响路径。通过分析，我们得到子女人力资本受到父母人力资本积累的影响，但是并没有回答具体的影响程度。所以，本节通过构建实证分析框架来研究父母人力资本对子女人力资本的影响程度，同时也分析了家庭背景对子女人力资本的影响程度。

一、子代人力资本形成的实证分析框架

在进行人力资本代际流动的测算之前，我们首先要对子代人力资本形成的影响因素进行分析，目的在于证实父代、子代人力资本之间的关联性。借鉴已有文献对个体人力资本生产函数的定义，本书把子代的人力资本生产函

数构建成如下的形式：

$$h_{it} = H(x_{it}, z_t, h_{it-1}) \qquad (5.1)$$

其中，h_{it} 和 h_{it-1} 是分别代表子代、父母代的人力资本存量，x_{it} 是家庭 i 在第 t 代的特征向量，z_t 代表其他影响子代人力资本形成的因素。接下来，我们分析一下影响子代人力资本形成的家庭内部因素和家庭外部因素。第一，家庭内部因素。家庭内部因素体现在公式（5.1）的变量 h_{it-1} 和 x_{it} 上。既包括父母的人力资本，也包括父母的职业、收入、年龄等因素。其中，h_{it-1} 和 h_{it} 之间的函数关系就体现为人力资本的代际流动。第二，家庭外部因素。家庭外部因素体现在公式（5.1）的变量 z_t 上，这些因素往往会通过影响教学效率而对人力资本积累产生影响。这些因素有很多，包括公共教育开支、由技能与工资水平决定的教师绩效、班级的大小及师生比、义务教育的时间和教育体系的结构等。在这些因素中，最主要的因素是公共教育支出和教育资源的分配（分配的均衡程度）。这些变量在实证研究中难以度量，而且缺乏相关的调查数据。公式（5.1）是对子代人力资本形成的理论分析，结合理论分析和相关数据库的调查项目，我们构建以下子代人力资本形成的实证研究模型：

$$h_{it} = \alpha_0 + \alpha_1 X_{i,t-1} + \alpha_2 Y_{it} + \alpha_3 Z_{it} + \varepsilon_{it} \qquad (5.2)$$

其中，$X_{i,t-1}$ 代表父母的特征向量，既包括父母的教育水平，也包括父母的职业、工作单位性质等因素；Y_{it} 代表自身的特征向量，包括个人的年龄、性别、民族等因素；Z_{it} 代表个体的学校态度变量，体现为个体对学习的喜好程度；ε_{it} 代表残差项。

二、数据的来源和研究方法

本书实证研究的数据来源于 2015 年中国综合社会调查（CGSS，2015）。CGSS 调查是由中国人民大学社会学系与香港科技大学调查研究中心合作开展的全国性的社会基本状况调查。自 2010 年起，CGSS 开始了第二期的项目调查，第二期的抽样设计采用多阶分层概率抽样设计，其调查点覆盖了中国（不含港澳台）所有省级行政单位。在全国一共调查 480 个村/居委会，每个村/居委会调查 25 个家庭，每个家庭随机调查 1 人，总样本量约为 12000 个。

在 CGSS（2015）的调查数据中，包含被调查者的受教育情况、年龄、户籍等个人信息，还包括父母的受教育情况以及孩子 14 岁时父母的职业等相关信息，这些数据为我们研究个体受教育程度的影响因素提供了非常好的数据支持。

由于本书研究各类因素对个体受教育程度的影响程度及其相对贡献率，所以本书研究的被解释变量为子女的受教育程度。子女的受教育程度按照已经完成的受教育年限划分为小学及以下、初中、高中、大学及以上四个等级，并分别用 1、2、3、4 等定量数据来表示。此外，根据微观数据库所提供的信息，模型的解释变量选取父母特征、个人特征、学校态度等三大类。父母特征用父母的受教育程度（分为小学及以下、初中、高中、大学及以上等四个等级）、孩子 14 岁时父母的职业（分为农民、工人、国家干部等）及所在工作单位的类型、父母是否是党员等变量来描述；个人特征由个人的性别、年龄、民族、户籍、所在区域（是否为东部地区）等变量来描述；学校态度由个体对学校的态度（喜欢、漠视、不喜欢）来表示。表 5.4 是对变量的定义以及对变量的描述性统计。

表 5.4 **变量及其描述性统计**

变量名	变量的含义	观测数	均值	标准差
$cedu$	子女的受教育程度（数值 1~4 分别代表小学及以下、初中、高中、大学及以上）	4658	2.41	0.95
$cgen$	子女性别（以虚拟变量表示，记男 =1，女 =0）	4658	0.49	0.50
$cage$	子女年龄（以对数形式表示）	4658	41.2	12.14
urb	居住地是城市还是农村（以虚拟变量表示，记城市 =1，农村 =0）	4658	0.67	0.47
miz	民族（以虚拟变量表示，记汉族 =1，其他民族 =0）	4658	0.91	0.29
$region$	地区（以虚拟变量表示，记东部 =1，中西部 =0）	4658	0.40	0.49
$likeschool$	喜欢上学（以虚拟变量表示，记喜欢 =1，其他 =0）	4658	0.61	0.48
$dislikeschool$	不喜欢上学（以虚拟变量表示，记不喜欢 =1，其他 =0）	4658	0.23	0.42
$fedu1$	父亲受教育程度为初中（以虚拟变量表示，记初中 =1，其他 =0）	4658	0.19	0.39

续表

变量名	变量的含义	观测数	均值	标准差
fedu2	父亲受教育程度为高中（以虚拟变量表示，记高中 = 1，其他 = 0）	4658	0.12	0.33
fedu3	父亲受教育程度为大学及以上（以虚拟变量表示，记大学及以上 = 1，其他 = 0）	4658	0.04	0.19
foccu	孩子14岁时父亲的职业（数值1~3分别代表农民、工人、国家干部）	4658	1.49	0.65
find	孩子14岁时父亲工作单位的类型（数值1~4分别代表无单位、企业、社会团体或事业单位、党政机关）	4658	1.75	0.99
fpol	父亲是否是党员（以虚拟变量表示，记党员 = 1，其他 = 0）	4658	0.18	0.38
*medu*1	母亲受教育程度为初中（以虚拟变量表示，记初中 = 1，其他 = 0）	4658	0.17	0.37
*medu*2	母亲受教育程度为高中（以虚拟变量表示，记高中 = 1，其他 = 0）	4658	0.08	0.28
*medu*3	母亲受教育程度为大学及以上（以虚拟变量表示，记大学及以上 = 1，其他 = 0）	4658	0.02	0.12
moccu	孩子14岁时母亲的职业（数值1~3分别代表农民、工人、国家干部）	4658	1.31	0.52
mind	孩子14岁时母亲工作单位的类型（数值1~4分别代表无单位、企业、社会团体或事业单位、党政机关）	4658	1.51	0.86
mpol	母亲是否是党员（以虚拟变量表示，记党员 = 1，其他 = 0）	4658	0.04	0.20

资料来源：根据 CGSS（2015）计算整理而得。

　　本书根据被解释变量的取值特点来确定实证研究方法。因为被解释变量的取值为1、2、3和4等离散数值，而且数值不具有实际数字的含义，仅仅代表特定的受教育层次，所以有序 Logit 混合模型为这类问题提供了一个很好的解决途径，其是二元离散选择模型以及有序 Logit 模型的拓展。

三、父子代人力资本关联性的分析

在进行 Logit 模型回归之前，我们先来通过表5.5分析父代人力资本（用受教育层次来替代）和子代的关联性。表5.5的左侧部分所示为2015年不同父亲受教育程度中子女受教育程度的分布状况，右侧部分为教育代际流动关系的综合性数据，包括向上流动（即子女受教育程度比父亲高）与向下流动（子女受教育程度比父亲低）的比例。由表5.5的左侧数据可见，对角线及对角线附近的数值较大，说明相当规模的父子受教育程度较为接近，父代与子代之间存在重要的教育传承现象。例如，父亲受教育程度为小学及以下时，其子女的受教育程度同样为小学及以下的比例达26.0%，远高于父亲的受教育程度为其他层次时其子女的受教育程度为小学及以下所占的比例；同时，父亲受教育程度为小学及以下时，其子女的受教育程度为初中的比例也较高（为44.2%）。表5.5右侧的两列数据分别统计了子女受教育程度高于、低于父亲受教育程度的比例。例如，父代受教育程度为小学及以下时，其子女的受教育程度实现向上流动的比例为74.0%，但其中有超过一半的子女受教育程度为初中；父代受教育程度为初中时，其子女的受教育程度实现向上流动的比例为53.2%，但其中子女的受教育程度上升为高中（包括普通高中、职高/中专/技校）的情况占大多数（为65.2%），向下流动的比例为8.4%；与之相类似，父亲受教育程度为大专及以上时，其子女教育程度向下流动的比例为41.9%，而其中又以高中（包括普通高中、职高/中专/技校）为主，约占向下流动总数的69.9%。

表5.5　　　　　　　　按父亲教育程度划分的子女教育程度分布　　　　　　　单位：%

父亲教育程度	子女教育程度						向上流动	向下流动
	小学及以下	初中	普通高中	职高/中专/技校	大学及以上	样本量		
小学及以下	26.0	44.2	15.1	8.5	6.2	4658	74.0	—
初中	8.4	38.5	18.8	15.9	18.5	4658	53.2	8.4
普通高中	6.2	29.8	15.8	16.6	31.6	4658	31.6	35.9

父亲教育程度	子女教育程度						向上流动	向下流动
	小学及以下	初中	普通高中	职高/中专/技校	大学及以上	样本量		
职高/中专/技校	6.1	19.7	19.3	22.4	32.5	4658	32.5	45.1
大学及以上	2.0	10.6	14.1	15.2	58.1	4658	—	41.9

注：本表在计算"向上流动"与"向下流动"时，均将"普通高中"和"职高/中专/技校"视为教育程度相当的水平。

资料来源：根据 CGSS（2015）计算整理而得。

四、子女人力资本形成的影响因素

表 5.6 的第（1）（2）（3）列是分别逐一添加父母特征变量、个人特征变量、学校态度变量得到的回归结果，第（4）列是删除掉不显著变量得到的回归结果。采取这样的计量分析方法有两个主要优点：首先，可以检验各类控制变量的稳健性，如果变量的符号在不同模型中是一致的并且绝对值没有发生较大的变化，则说明回归结果是稳健的；其次，逐一把各类控制变量引入到模型，可以进一步分析各类控制变量对极大似然值的相对贡献度。由于篇幅所限，表 5.6 的输出结果省略掉了三个门槛值。从表 5.6 可以看出，父母教育水平的系数均是显著的，并且符号为正，说明父母的教育水平越高，其子女的教育水平也越高。由于变量的系数都是零均值的，方差都是相同的，所以系数绝对值的大小意味着解释度的重要程度。表 5.6 显示母亲教育程度对子女的影响程度要大于父亲，而且孩子 14 岁时父亲工作单位的类型也对子女的教育获得产生正向影响（"无单位"作为参照组）。此外，父亲的党员身份、子女个人的特征及学校态度变量均对子女的教育产生显著性的影响。另外，以往的研究很少考虑个体中未观测到的异质性，一方面这种研究没有区分个体行为模型和总体平均行为模型，另一方面忽略未观测异质性也可能会导致模型估计的偏误和不一致，本书使用有序 Logit 混合模型，可以有效地把个体的未观测异质性考虑进来，从而提高了估计的一致性。模型回归结果显示混合概率（P_1、P_2 和 P_3）都是显著的，说明未观测到的个体异质性同样对个人的受教育程度产生显著性的影响。

表 5.6   有序 Logit 混合模型回归结果

变量		（1）	（2）	（3）	（4）
父亲特征变量	fedu1	0.897 *** （5.31）	0.494 ** （2.85）	0.497 ** （2.88）	0.379 *** （4.32）
	fedu2	1.037 *** （5.75）	0.643 *** （3.49）	0.647 *** （3.52）	0.536 *** （4.99）
	fedu3	1.731 *** （7.07）	1.348 *** （5.43）	1.351 *** （5.44）	1.221 *** （6.22）
	find	0.304 *** （9.82）	0.193 *** （5.93）	0.191 *** （5.85）	0.187 *** （5.76）
	fpol	0.273 *** （3.38）	0.338 *** （4.15）	0.350 *** （4.29）	0.344 *** （4.34）
母亲特征变量	medu1	0.903 *** （5.10）	0.704 *** （3.86）	0.686 *** （3.77）	0.794 *** （7.05）
	medu2	1.590 *** （7.89）	1.262 *** （6.10）	1.261 *** （6.10）	1.399 *** （9.52）
	medu3	1.543 *** （4.52）	1.281 *** （3.71）	1.303 *** （3.77）	1.423 *** （4.65）
	mind	0.135 *** （4.18）	0.130 *** （3.98）	0.128 *** （3.89）	0.128 *** （3.97）
	mpol	−0.0578 （−0.38）	0.0227 （0.15）	0.0029 （0.02）	
个人特征变量	lcage		−0.986 *** （−8.96）	−1.016 *** （−9.21）	−1.048 *** （−9.57）
	cgen		0.377 *** （6.66）	0.399 *** （7.02）	0.404 *** （7.14）
	miz		0.228 * （2.28）	0.234 * （2.34）	0.235 * （2.36）
	region		0.518 *** （8.27）	0.522 *** （8.33）	0.533 *** （8.55）
	urb		1.191 *** （17.08）	1.196 *** （17.13）	1.192 *** （17.14）
学校态度变量	likeschol			0.241 *** （3.50）	0.231 *** （3.37）
	dislikeschol			−0.499 *** （−4.28）	−0.505 *** （−4.34）
混合概率	P_1				0.302 *** （17.3）
	P_2				0.498 *** （17.7）
	P_3				0.502 *** （17.3）
R^2		0.126	0.172	0.185	0.186
lnL		−5392.18	−5281.24	−5229.82	−5074.4
N		4658	4658	4658	4658

注：① （ ）内的数值为 t 统计值；② *** 、 ** 和 * 分别代表在 1% 、5% 和 10% 水平下显著。

93

表 5.7 显示的是各种类型解释变量的相关解释度及拟合优度统计量。第 2 行代表没有解释变量的情况下的极大似然函数的对数值。第 3、第 4、第 5 行分别代表逐一添加父母特征变量、个体特征变量及学校态度变量时的极大似然函数的对数值。第 6 行代表的是构建有序 Logit 混合模型得到的极大似然函数的对数值（包括未观测异质性）。在这里，逐一添加变量的顺序是很重要的。表 5.7 的第三列表示随着解释变量的增加，极大似然函数的对数值累计增加的比例，最后一列代表极大似然函数的对数值净增加的比例。随着解释变量的逐一添加，极大似然函数的对数值逐渐增大。根据表 5.7，父母特征变量对子女受教育程度的相对贡献度最大，其次是个体特征变量，学校态度变量的相对贡献度最小。此外，未观测到的个体异质性的相对贡献度为 25.21%，说明其是不容忽略的。

表 5.7　　　　各种类型解释变量的相对贡献度及模型拟合度的统计量

添加的变量	$\ln L$	Cum	ΔCum
无（$baseline$）	−5860.30	0	0.00***
父母特征	−5392.18	55.53	55.53***
个人特征	−5281.24	68.69	13.16***
学校态度	−5229.82	74.79	6.10***
未观测异质性	−5017.30	100.00	25.21***
$McFadden's\ R^2$	0.178***		

注：①$\ln L$ 代表极大似然估计量；Cum 代表累计贡献度；ΔCum 代表净贡献度；② *** 代表似然比检验在 1% 的水平下显著。

五、分性别、年代的子女人力资本形成的影响因素

表 5.8 是分性别、年龄的有序 Logit 混合模型的输出结果。可以看出，大多数父母特征变量、个人特征变量以及学校态度变量都是显著的，但是对于不同的群体而言，系数的绝对值大小存在着差异。为了综合考察家庭背景变量对子女受教育程度的影响，需要把各个反映家庭背景的变量的系数（年龄变量系数、地区虚拟变量系数以及学校态度变量系数除外）进行加权求和，来得到一

个综合值。具体的计算过程如下：$A(\delta) = \sum_{k=1}^{K} |\delta_k|/K$。其中，$\delta_k = \sum_{l=1}^{3} p_l \eta_{lk}$。$A(\delta)$ 的数值列在了表 5.8 的倒数第四行。可以看到，家庭背景变量在不同年代对子女受教育程度的影响是不一致的，其对 25~40 岁的群体的影响要大于 40 岁以上群体的影响。说明家庭背景对个人教育获得的影响呈增强的趋势。原因在于：新中国成立以来，我国积极推进教育机会分配平等化，从而阻断了家庭背景与教育获得之间的联系。而且，随着时间的延续，这种平等化程度日益增强，并在"文革"时期达到顶点。而在 1978 年之后，我国实施的教育改革促进了两个方面的转变：一是大众化教育模式向精英化教育模式的转变。这种转变对于农村和贫困地区以及城市贫困家庭和父母文化水平较低家庭的子女产生了不利的影响，他们往往成为被淘汰的对象，辍学率的上升就是这种状况的反映。二是由计划体制向市场体制转变（教育的产业化）。教育的市场化导致了地区之间和不同家庭经济背景的学生之间教育机会分配的不平等。此外，家庭背景对女性教育获得的影响要高于男性。这说明女性的教育机会获得更易于受到家庭背景因素的局限，而男性则更可能冲破家庭背景因素的不利影响。图 5.4 描绘的是各类型解释变量对个体受教育程度影响的相对贡献度。可以看出，父母特征变量对男性受教育程度的影响力要低于女性，个体特征变量对男性受教育程度的影响力要高于女性；学校态度变量对男性受教育程度的影响力要高于女性；此外，女性受教育程度对未观测变量的依赖程度要高于男性。

表 5.8　　　　　　　　分性别、年龄的有序 Logit 混合模型回归结果

变量		(25~40 岁)		(40 岁以上)	
		男	女	男	女
父亲特征变量	fedu1	0.647 ** (2.71)	0.721 *** (3.39)	0.505 *** (10.12)	0.601 *** (9.60)
	fedu2	0.789 ** (3.21)	0.780 *** (3.54)	0.331 *** (5.80)	0.565 ** (3.11)
	fedu3	1.239 *** (4.01)	1.721 *** (6.10)	0.931 *** (11.23)	1.201 *** (5.35)
	find	0.204 *** (5.83)	0.190 *** (5.38)	0.110 *** (12.03)	0.201 *** (6.07)
	fpol	0.384 *** (4.68)	0.319 *** (3.89)	0.238 *** (9.85)	0.496 *** (5.64)

续表

变量		(25~40岁)		(40岁以上)	
		男	女	男	女
母亲特征变量	medu1	0.589* (2.28)	1.107*** (4.73)	0.572*** (7.33)	0.690*** (3.99)
	medu2	1.247*** (4.60)	1.453*** (5.76)	1.159*** (16.15)	1.422*** (6.80)
	medu3	2.002*** (4.60)	2.431*** (3.67)	1.494*** (14.78)	1.153*** (3.82)
	mind	0.083* (2.41)	0.191*** (5.33)	0.122*** (13.41)	0.136*** (4.16)
	mpol	0.098 (0.62)	0.157 (0.96)	0.019 (0.45)	-0.212 (-1.34)
个人特征变量	lcage	-0.830*** (-5.13)	-1.202*** (-7.73)	-1.372*** (-24.84)	-1.676*** (-6.92)
	miz	0.342** (3.01)	0.132 (1.25)	0.052* (1.91)	0.209* (1.82)
	region	0.702*** (10.44)	0.853*** (12.77)	0.238*** (14.15)	0.459*** (6.76)
	urb	1.405*** (17.23)	1.469*** (17.53)	1.098*** (61.94)	1.342*** (16.24)
学校态度变量	likeschol	0.212** (2.66)	0.290*** (4.00)	0.171*** (9.40)	0.304*** (4.09)
	dislikeschol	-0.743*** (-6.19)	-0.290* (-1.98)	-0.565*** (-19.56)	-0.178 (-1.19)
混合概率	P_1	0.372*** (33.8)	0.349*** (34.7)	0.299*** (15.7)	0.190*** (12.6)
	P_2	0.281*** (15.6)	0.193*** (7.8)	0.374*** (37.4)	0.265*** (15.5)
	P_3	0.347*** (20.4)	0.458*** (13.1)	0.327*** (15.6)	0.545*** (49.3)
$A(\delta)$		0.832*** (19.2)	0.925*** (18.7)	0.632*** (21.5)	0.646*** (24.3)
R^2		0.178	0.216	0.157	0.168
lnL		-1142.0	-1208.0	-1367.4	-1218.7
N		1084	1184	1220	1170

注：① ( ) 内的数值为 t 统计值；② ***、** 和 * 分别代表在1%、5%和10%水平下显著。

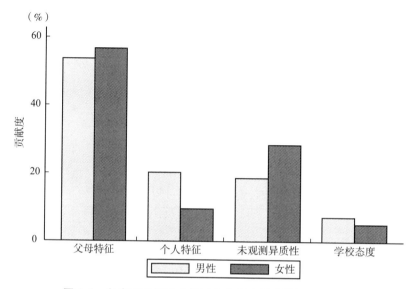

图5.4 各类因变量对个体受教育程度影响的相对贡献度

资料来源：根据上面的实证估算结果绘制而成。

第三节 父母对子女人力资本投资的动机

本章的上两节分别从理论和实证角度分析了父代人力资本对子代人力资本的影响，从而揭示了人力资本代际流动的途径。人力资本代际流动的途径有多种（见图5.5），图5.5的上半部分代表人力资本代际流动的直接路径，既包括父代健康对子代健康以及父代教育对子代教育的直接影响，也包括它们之间的交叉影响。图5.5的下半部分代表父母对子女的人力资本投资，这是人力资本代际流动的间接路径，需要借助收入作为媒介。与直接路径相比，间接路径更加关键。一是父母对子女的人力资本投资是提高子女人力资本存量的最重要方式，子女人力资本的形成主要依靠父母的人力资本投资。二是父母对子女的人力资本投资是家庭内部重要的经济行为，是父母的一项重要决策，能够用经济学理论进行分析，具有可控性。相比而言，直接途径更多地表现为自发性。通过对直接路径与间接路径的比较，父母对子女的人力资本投资是人力资本代际流动的关键。父母对子女进行人力资本投资的动机也能够揭示人力资本代际流动的动机。那么，父母为什么会对子女进行人力资本投资呢？或者说，父母对子女进行人力资本投资的行为动机是什么？前面已从理论角度，例如，效率、伦理道德、"生物"本能和我国家庭亲子关系等方面综合分析了父母对子女进行人力资本投资的动机，得到利人利己的互利动机最符合逻辑。本节将对此进行实证检验。

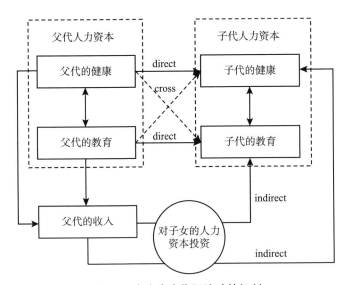

图5.5　人力资本代际流动的机制

注："direct"和"indirect"分别代表直接和间接影响路径，"cross"也代表直接影响路径。

一、父母对子女人力资本投资动机的分类

无论发达国家还是发展中国家，父母都会付出金钱、时间和精力等资源对子女进行人力资本投资，以期望子女能够在劳动力市场上获得竞争优势，赚取更高的工资。很多文献尤其国外文献对此进行了实证研究，结论也证实了父母对子女进行人力资本投资动机的复杂性。通过总结已有的文献，本书把父母对子女进行人力资本投资的动机分为以下四种，并借助数学语言对每种行为动机的具体特征进行分析。

（一）交换主义动机

在交换动机下，父母对子女进行人力资本投资考虑的是子女未来的收入水平，并且期望在自身收入水平下降和身体状况不佳时获得子女经济方面的回报，也就是传统"养儿防老"思想的体现。很多学者把中国家庭亲子之间的抚养与赡养关系视为交换关系。例如，郭于华（2001）认为中国家庭父子是以"哺育—反哺"为表现形式的一种"反馈式"的代际关系，表明了代际存在着一种交换逻辑。下面通过构建数学模型，用数学语言来描述这一模型。

模型假定父母是追求自身效用最大化的理性人，也是对子女进行人力资本投资的决策者。模型还假定父母的最优化决策行为是在完全信息的框架下做出的，虽然相对于父母的人力资本投资，子女的回报是事后的，但是我国的法律和道德观念保障其具有确定性。我们构建的父母效用函数和约束条件分别为：

$$\max \quad \{U_p = U_p[c_p + T_c,\ V_c(c_c)]\} \tag{5.3}$$

$$\text{s. t.} \quad T_p + c_p = I_p$$

$$c_c + T_c = I_c(T_p,\ \varepsilon) \tag{5.4}$$

在方程（5.3）和方程（5.4）中，c_p 代表父母的消费，T_c 代表子女对家长的回报，V_c 代表子女的最终消费效用，c_c 代表子女的消费，I_p 代表父母的收入，I_c 代表子女的收入，ε 代表子女的先天性禀赋（不取决于父母的人力资本投资）。通过对方程（5.3）和方程（5.4）的求解，我们可得：父母的效用函数取决于自身的消费、子女的回报、子女的最终消费效用和父母的利他主义程度（用 θ_p 来表示，取值大于零），其具体函数关系表达式为：$U_p = U_p(c_p,\ T_c,\ V_c,\ \theta_p)$。同样，子女的效用是自身消费和父母消费效用的函数，即 $U_c = U_c(c_c,\ V_p)$。约束条件有两个：一是父母的收入用于自身消费和子女的人力资本投资；二是子女的收入用于自身消费和对父母的回报。

对于方程（5.3）的最优化求解，我们可以得到以下的一阶条件：$\frac{\partial U_p}{\partial T_p} = 0$ 或者$\frac{\partial I_c}{\partial T_p} = 1$，这说明在最优的人力资本投资水平上，其给子女带来的边际收入等于一。同时方程（5.3）最优解的一阶条件还需要满足：$\dfrac{\partial U_p / \partial T_c}{\partial V_c / \partial c_c} = -\theta_p$，这说明父母决定的最优人力资本投资回报水平与父母的利他主义程度相关，并且呈现反方向变动关系。只要满足 $\dfrac{\partial I_c}{\partial T_p} > 1$，就存在父母对子女的人力资本投资。

（二）利他主义动机

在利他主义动机下，父母对孩子进行人力资本投资是为了增加孩子未来的福利；同时，孩子福利的增加也提高了自身的福利水平。父母会在利他主义动机的驱使下对子女进行人力资本投资；而在子女成人并拥有赚钱能力时，也会受到利他主义动机的驱使对父母进行回报。本书在借鉴相关文献的基础上，通过构建模型来分析利他主义动机的特征。模型假定父母 i 的效用函数为：

$$U_p = U\{c_p(I_p - T_p),\ U_c[c_c(I_c(T_p + \varepsilon_c))]\} \tag{5.5}$$

其中，c_p 是父母的消费函数，该消费函数是收入（I_p）和投资数量（T_p）的函数；U_c 是子女的效用函数。该效用函数（U_c）取决于消费数量（c_c），而消费数量（c_r）又取决于投资数量（T_p）和与投资不相关的禀赋（ε_c）。在该理论分析框架下，父母选择最佳的投资数量（T_p）来使效用达到最大化。本书假定边际效用是递减的，因此存在：$\dfrac{\partial^2 c_p}{\partial(I_p - T_p)^2} < 0$ 和 $\dfrac{\partial^2 c_c}{\partial[I_c(T_p + \varepsilon_c)]^2} < 0$。

根据边际效用递减规律，当父母收入较高时，父母消费的边际效用 $\left(\dfrac{\partial c_p}{\partial T_p}\right)$ 要小于子女的消费边际效用 $\left(\dfrac{\partial c_c}{\partial T_p}\right)$，在利他主义动机的驱使下，投资行为就会发生。因此，利他主义理论说明高收入的父母对子女投资的数量较多，原因在于边际效用存在递减规律；同样，高收入的子女会也向父母提供更多的回报，因为收入越高，受边际效用递减规律的支配，既定数量的货币转移对其效用的影响就越小。最终，父母早期对子女的人力资本投资和父母晚期从子女那里得到的转移支付达到一个均衡。

（三）保险动机

从保险的视角来看，父母对子女的人力资本投资是为了防止自身收入出现波动，从而保证收入的平稳性。保险动机并不总是意味着当收入出现大幅度下降时，个人会得到大量的转移收入；因为，利他主义动机也会导致同样的结果。为了能够更加深入地理解保险动机和区分保险动机，本书借鉴阿加瓦尔和霍洛维茨（Agarwal & Horowitz，2002）构建的模型来对保险动机进行更加详细的描述。模型假定存在两个时期，父母 i 在第一个时期赚得的收入为 Y_1，但是其在第二个时期赚得的收入是不确定的；其中，父母 i 赚取较低收入 Y_2^b 的概率为 π，且赚取较高收入 Y_2^g 的概率为 $(1-\pi)$。为了保持收入的平稳性和效用的最大化，父母 i 在第一个时期选择投资的数量为 a，目的是为了在第二个时期赚取较低收入 Y_2^b 时，获得数量 $g(a)$ 的转移。基于上面的假定和分析，父母 i 的效用函数可以定义为：

$$E(U) = U_1(Y_1 - a) + \pi U_2[Y^b + g(a)] + (1 - \pi)U_2(Y_2^g) \qquad (5.6)$$

父母选择的最优投资数量 a 就是个人追求效用 $E(U)$ 最大化的过程，通过求解 $E(U)$ 最大化时的一阶条件，可以得出两个基本的关系式：$\frac{\partial g}{\partial a} > 0$ 和 $\frac{\partial a}{\partial \pi} > 0$。这两个关系式的含义比较简单：第一个关系式意味着提供投资的数量和接受投资的数量是正相关的；第二个关系式意味着提供投资的数量是 π（父母 i 在第二个时期赚取较低收入的概率）的增函数。如果父母 i 提供投资的动机是保险动机，那就意味着父母缴纳保险的数量（提供投资的数量）随着收入风险的加大而增加。与利他主义动机不同，父母 i 期望获得回报的时期数越多越好，所获得回报的数量越大越好。

（四）投资动机

在投资动机的框架下，父母要对孩子教育投资的数量做出最优的决策，从而使自身的效用达到最大化。和前面几种动机的分析一样，我们也借鉴拉波波特和多基耶（Rapoport & Docquier，2006）的模型对投资动机进行深入的分析。

模型假定存在两个时期，父母在第一个时期的收入记为 Y_1，在第二个时期的收入记为 Y_2，由于年龄等因素的原因，使得父母在第二时期收入 Y_2 小于第一期收入 Y_1。模型还假定不存在资本市场，故不存在借贷行为。在第一个时期，父母要决定投资于孩子教育的时间 $p(p \geq 0)$，父母对孩子的教育投资需要花费成本，这里假设花费的成本是教育时间 p 的增函数，教育时间越长，教育投资的成本也就越高。模型定义父母花费在教育投资上的成本包括孩子教育的直接成本（如学费、书费、辅导费等）和间接成本。间接成本是孩子接受教育的机会成本。根据经济学对机会成本的定义，孩子接受教育的机会成本是孩子放弃接受教育而从事其他工作所赚取的最大收入。在第二个时期，父母会获得教育投资的收益（假定收益率为 i），获得收益的数量为 $(1+i)k(p)$。我们构造的父母的效用函数具有如下的形式：

$$U = U_1[Y_1 - k(p)] + U_2[Y_2 + (1+i)k(p)] \tag{5.7}$$

方程（5.7）最大化的条件为：$\dfrac{\partial a_i^t}{\partial p} > 0$ 和 $\dfrac{\partial a_i^m}{\partial p} > 0$。该条件意味着孩子接受的教育时间越长，即父母对孩子的投资越多，父母在第二时期获得的代际转移数量（包括时间和金钱）就越多。

二、父母对子女人力资本投资动机的分析思路

上文从理论角度分析了父母对子女进行人力资本投资的动机。在四种行为动机中，前两种动机（交换主义动机和利他主义动机）是最基础的，国内外学者针对这两种动机的实证研究最多。本书主要针对这两种动机进行实证分析。由于父母对子女的人力资本投资和父母接受成年子女的经济帮助没有发生在同一时刻，所以要准确把握我国父母对子女进行人力资本投资的动机，实证分析需要分为两步：一是分析父母早期对未成年子女的人力资本投资行为；二是分析父母晚年接受成年子女经济回报的行为。通过对这两种行为的综合分析，来考察父母对子女的人力资本投资动机。

三、我国父母早期对未成年子女人力资本投资行为的分析

对于未成年子女，所有国家和地区的父母都承担着抚养子女的责任和义务。在我国，父母尤其重视对子女的教育投资，对子女的教育支出是家庭总支出中的重要组成部分，只要子女对读书感兴趣，父母通常会全力支持，因为教育是低收入阶层实现向上流动的主要途径。而在子女成年后，发达国家

的子女很少向父母提供经济帮助；而发展中国家普遍存在着子女向父母的转移支付。根据贝克尔（Becker，1974）的社会交互作用理论、嘉里和舍尼（Mc Garry & Schoeni，1995）的家庭内部转移支付理论和贝尔曼、波拉克和陶步曼（Behrman，Pollack & Taubman，1982）的父母投资偏好理论，发达国家对未成年子女的人力资本投资行为具有利他主义性质；而在发展中国家，父母对子女的人力资本投资更像借钱给孩子，因为孩子无法从资本市场上筹集金钱，并且父母期待子女能够在未来成年期进行自觉的转移支付，所以父母和孩子之间隐藏着一种契约行为。

根据前面的分析，本书把父母对子女的人力资本投资描述成形式为（T_p，T_c）的契约，T_p 代表父母的付出，T_c 代表父母的所得，于是构成了类似于债务形式的契约。父母向子女提出这一契约，子女将在社会道德或法律的制约下执行该契约。由于父母具有利他主义的性质，所以相对于不执行契约，子女执行契约会变得更好。从理论角度分析，尽管父母的人力资本投资是出于自我中心主义的利他行为，但利他系数较低的父母可能会攫取大部分因人力资本投资而产生的收益。但是，现实社会中很少存在这样的父母。为了更加符合实际情况，我们加入一个前提，即社会要求父母把子女的消费效用水平维持在一个特定的效用水平（$\overline{V_c}$）之上，与之对应的消费为 $\overline{c_c}$。此时，父母面临的问题就是在保证子女消费效用最低水平的基础上通过选择契约内容来最大化自身的效用。此时的父母不会单独关注投资或者回报，而只会关心 $\Delta T = T_p - T_c$。此时父母所需决定的契约实际上就是（ΔT，$\overline{V_c}$）。这一契约也反映了父母进行教育投资的两个主要动机：交换和利他。家长最优的选择如图5.6所示。

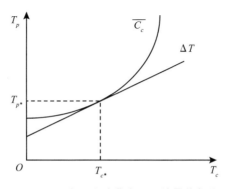

图5.6　固定子女消费水平下的最优契约

总之，通过分析父母对子女进行人力资本投资的行为，可以看到整个过程就像是父母和子女在签订一个契约：父母晚年得到子女的经济帮助，子女可以得到更高的消费效用。即父母对于子女的教育投资中暗含后期回报的合约，虽然该契约是隐性的，却在社会道德和法律的制约下能够被完美的执行。本部分已经分析了我国父母早期对未成年子女人力资本投资的行为，下文将分析父母晚年接受成年子女经济帮助的行为。

四、我国父母晚年接受成年子女经济帮助行为的分析

与西方发达国家不同，由于我国的社会保障制度还不完善，老年人的晚年生活不能完全依赖退休金，尤其连基本养老保险都无法享受的广大农村老人来说，还需要得到子女的经济资助。根据对 2015 年中国健康与养老追踪调查数据库（CHARLS，2015）的整理计算，我国依然有 82% 的农村老年人需要子女的收入转移来度过晚年生活，只有 13% 的农村老年人为养老进行了储蓄，且只有 2% 的老年人有足够多的养老储蓄。本书将使用 CHARLS（2015）数据库来对我国父母接受成年子女经济帮助的行为进行分析。接下来分别构建实证模型、进行变量选取和对实证结果进行分析，来对我国父母接受成年子女经济帮助的行为动机进行分析。

回归方程（5.8）中的 t_i^* 为潜变量，代表父母接受子女经济帮助的数量；当 $t_i^* > 0$ 时，意味着父母接受了子女的经济帮助，这时 $t_i = 1$；当 $t_i^* = 0$ 时，意味着父母没有接受子女提供的经济帮助，这时 $t_i = 0$。变量 Y_i 代表父母接受子女经济帮助前的收入，向量 X_i^1 表示其他的影响因素。根据考克斯（Cox，1987）的研究证实：当 $\alpha_1 < 0$ 时，父母接受成年子女的经济帮助可能出于交换动机也可能出于利他动机，方程（5.8）又称为概率方程。

$$t_i^* = \alpha_0 + \alpha_1 Y_i + \alpha_2 X_i^1 + \mu_i \qquad (5.8)$$

回归方程（5.9）中的 T_i^* 代表父母接受子女经济帮助的数量。变量 Y_i 同样代表父母接受子女经济帮助前的收入，向量 X_i^2 表示其他的影响因素。同样根据考克斯（Cox，1987）的研究，当 $\beta_1 < 0$ 时，意味着父母接受成年子女的经济帮助出于利他动机；当 $\beta_1 > 0$，则意味着父母接受成年子女的经济帮助出于交换动机，方程（5.9）又称为数量方程。

$$T_i^* = \beta_0 + \beta_1 Y_i + \beta_2 X_i^2 + \varepsilon_i \qquad (5.9)$$

本书选取的解释变量包括两大类：受访者的特征变量和子女的特征变量。受访者的特征变量包括父母接受子女经济帮助前的家庭收入和家庭资产情况、年龄、性别、婚姻、子女个数、教育程度、身体健康状况以及生活习惯等因素。子女的特征变量包括子女年龄、性别、婚姻、孩子数量、教育程度等因素。这些变量都可能影响父母接受成年子女经济帮助的概率和数量，关于这些变量的描述性统计见表5.9和表5.10。除了这些解释变量外，子女收入也是重要的解释变量，但是CHARLS（2015）数据库中并没有子女收入的调查数据，所以实证研究模型没有把子女收入加入模型中。如前文所述，在分析父母接受成年子女经济帮助的行为时，父母接受成年子女经济帮助前的家庭收入是重要的解释变量，通过分析该变量估计参数的符号来分析父母接受成年子女经济帮助的行为。

表5.9   **受访者相关特征的描述性统计**

变量名称		最小值	最大值	均值	标准差
接受帮助前的家庭人均收入（元）		1	230000	25232.51	18938.88
接受帮助前的家庭人均资产（元）		10	3000000	59410.22	87046.42
年龄		45	103	61	9.74
性别（男性＝1）		0	1	0.48	0.50
婚姻状况（已婚并与配偶同居＝1）		0	1	0.81	0.39
有一起生活的成年子女（有＝1）		0	1	0.43	0.49
成年子女的个数		0	9	3.14	1.83
农村户口		0	1	0.76	0.42
家庭总人口		1	6	3.18	1.23
文盲（对照组）	小学及以下学历（是＝1）	0	1	0.38	0.48
	初中及以上学历（是＝1）	0	1	0.27	0.44
患有慢性病		0	1	0.65	0.48
患有残疾		0	1	0.15	0.36
自评健康状况良好		0	1	0.72	0.45

变量名称	最小值	最大值	均值	标准差
抽烟	0	1	0.39	0.49
喝酒	0	1	0.41	0.52
样本数	2429	2429	2429	2429

注：受访者接受子女帮助前的收入包括工资薪金收入、农业收入、自雇收入、退休金收入以及资产收入。

资料来源：根据 CHARLS（2015）计算整理而得。

表 5.10   子女相关特征的描述性统计

变量名称		最小值	最大值	均值	标准差
年龄		25	78	38.9	10.80
性别（男性 =1）		0	1	0.51	0.43
婚姻状况（已婚并与配偶同居 =1）		0	1	0.73	0.07
与父母同村或同社区居住（相对父母，对照组）	在本县其他村或社区居住（相对父母，是 =1）	0	1	0.41	0.49
	在外省等居住（相对父母，是 =1）	0	1	0.37	0.48
文盲（对照组）	小学及以下学历（是 =1）	0	1	0.97	0.18
	初中及以上学历（是 =1）	0	1	0.69	0.46
成年的子女数		0	8	1.48	0.83
未成年的子女数		0	6	0.94	0.82
父母是否照顾未成年子女（是 =1）		0	1	0.39	0.21
是否有工作（是 =1）		0	1	0.84	0.37
样本数		2429	2429	2429	2429

资料来源：根据 CHARLS（2015）计算整理而得。

父母是否接受子女、子女家庭经济帮助和经济帮助数量的实证研究结果见表 5.11 和表 5.12。实证研究使用的计量方法为 Logit 模型分析法和最小二乘法。解释变量来自表 5.9 和表 5.10。在选择方程中，第（1）列代表父母是否接受子女经济帮助的 Logit 模型回归结果，第（2）列代表父母是否接受子女家庭经济帮助的 Logit 模型回归结果。第（3）列和第（4）列是数量方程，是父母分别接受子女、子女家庭经济帮助数量的模型回归结果。通过对回归结果的分析，我们得到以下结论：受访者接受帮助前的家庭人均收入与是否接受子女经济帮助呈现负相关的关系，这说明受访者接受帮助前的家庭人均收入越高，其接受子女经济帮助的概率越小，反之，就越大。根据前文的分析，该实证结果不能区分行为动机的类型，因为交换动机和利他主义动机都可能出现这一结果。年龄越大的父母接受经济帮助的概率越小，原因在于年龄越大的父母更需要子女对其生活起居上的照顾；对年龄大的父母而言，子女在生活上的照顾和子女的经济帮助在一定程度上能够相互替代。当受访者和配偶都健在并且在一起生活时，他们能够在生活上相互照顾，并不太需要子女的非经济帮助；但是由于他们丧失了劳动能力和收入来源，所以他们接受子女经济帮助的概率显著增大。当受访者的子女数量较多时，其接受子女经济帮助的概率相对较高，这是因为子女们对父母的经济帮助存在攀比效应和示范效应。如果父母和某个成年子女一起生活时，那么不与父母一起生活的成年子女及成年子女家庭对父母经济帮助的概率显著下降，这主要是由于和父母一起生活的子女担负了照顾父母的大部分责任，使得不与父母一起生活的子女对父母经济帮助的概率下降。受访者家庭人口数量越多，其接受子女经济帮助的概率也会下降，这是因为家庭内部成员能够相互帮助，在一定程度上代替了与受访者不居住在一起的子女的经济帮助。患有残疾的父母由于生活不便，其接受子女经济帮助的概率更大。另外，子女教育水平越高并且有工作，其收入水平也越高，对父母经济帮助的概率会显著上升。

表 5.11　父母接受子女、子女家庭经济帮助的概率和数量的实证回归结果

受访者的特征变量	概率方程		数量方程	
	（1）	（2）	（3）	（4）
接受帮助前的家庭人均收入（千元）	−0.00215 * （−1.96）	−0.00408 ** （2.05）	30.250 * （1.75）	36.716 ** （2.29）
接受帮助前的家庭人均资产（千元）	0.000284 * （1.68）	0.000311 * （1.90）	29.409 * （1.92）	37.230 ** （2.34）

续表

受访者的特征变量		概率方程		数量方程	
		(1)	(2)	(3)	(4)
年龄		− 0.0152 *** (− 5.67)	− 0.0093 *** (− 7.41)	− 12.677 (− 0.12)	− 12.30 ** (− 1.97)
性别（男性 = 1）		− 0.0509 (− 1.14)	− 0.0791 (− 1.77)	− 0.896 * (− 1.97)	− 3.378 ** (− 3.08)
户口（农村 = 1）		− 0.0374 (− 0.78)	0.0126 (0.81)	− 63.704 (− 0.30)	− 104.891 (− 1.06)
婚姻状况（已婚并与配偶同居 = 1）		0.0634 *** (3.06)	0.0986 *** (2.79)	− 409.06 ** (− 2.01)	− 485.92 ** (− 2.45)
成年子女的个数		0.0865 *** (2.99)	0.0805 *** (4.07)	0.0398 (0.49)	0.0637 (0.80)
有一起生活的成年子女（有 = 1）		− 0.450 * (− 1.78)	− 0.194 ** (− 2.13)	− 39.842 (− 0.65)	− 142.467 (− 1.00)
家庭总人口		− 0.0692 ** (− 1.99)	− 0.0716 ** (− 2.07)	110.95 (0.68)	142.47 (0.69)
文盲 （对照组）	小学及以下学历（是 = 1）	− 0.0308 (− 0.24)	− 0.0287 (− 0.35)	− 110.61 (− 0.45)	− 156.79 (− 0.20)
	初中及以上学历（是 = 1）	0.0428 (0.22)	0.0512 (0.29)	− 311.57 (− 0.67)	− 429.25 (− 0.53)
患有慢性病		− 0.0217 (− 0.07)	− 0.0339 (− 0.11)	− 31.001 (− 0.70)	− 26.005 (− 0.72)
患有残疾		0.189 ** (2.21)	0.205 ** (2.38)	35.058 (0.07)	30.868 (0.75)
自评健康状况良好		− 0.135 (− 0.45)	− 0.337 (− 0.11)	− 42.723 (− 0.98)	− 48.574 (− 1.37)
抽烟		0.03605 (0.39)	0.02967 (0.38)	82.796 (0.55)	120.140 (0.02)
喝酒		0.4481 (1.29)	0.5440 (1.58)	297.546 (0.15)	314.116 (0.15)

注：① （ ）内的数值为 t 统计量；② ***、** 和 * 分别代表在1%、5% 和10% 水平下显著。

通过数量方程（3）和（4），我们可以得到以下结论。无论被解释变量是子女的经济帮助数量还是子女家庭的经济帮助数量，受访者接受帮助前的家庭人均收入的系数估计值都是大于零的。根据前面的分析，如果父母收入的系数在概率方程中小于零，并且在数量方程中大于零，则说明父母接受子女经济帮助的行为具有交换动机的性质。本书实证研究结果与考克斯（Cox，1987）研究中的第二种情况是一致的，这说明我国父母接受子女经济帮助的动机具有交换主义的性质。与接受帮助前的家庭人均收入一样，受访者的人均资产同样与其接受的经济帮助数量呈现正相关关系。与前面结论不一致的是，当受访者和配偶一起生活时，其接受子女经济帮助的数量是下降的。此外，受访者接受子女经济帮助的数量还与子女的年龄有关，子女年龄越大，其接受的经济帮助的数量下降。子女年龄越大就意味着父母的年龄越大；相比较而言，年龄大的父母更需要子女对其在情感上的陪护，而对经济帮助的需求会降低。与概率方程（1）（2）不同的是，在数量方程中，更多的解释变量是不显著的，而在这些不显著的解释变量中，有些变量在概率方程中是显著的，这说明了概率方程和数量方程存在差异性，体现在决定因素的不完全一致性。

表 5.12　　父母接受子女、子女家庭经济帮助的概率和数量的实证回归结果

子女的特征变量		概率方程		数量方程	
		（1）	（2）	（3）	（4）
年龄		0.0111* (1.79)	0.0115* (1.83)	-4.928** (2.86)	-5.166 (1.75)
性别（男性=1）		-0.0523 (0.74)	-0.0436 (0.25)	32.56 (0.07)	27.61 (1.02)
婚姻状况（已婚并与配偶同居=1）		0.1909*** (3.01)	0.1317*** (2.09)	-24.064 (-0.67)	-21.302 (-1.26)
与父母同村或 同社区居住 （对照组）	本县其他村或社区居住 （相对父母，是=1）	0.0137 (0.23)	0.0091 (0.15)	-295.213 (-0.53)	-271.904 (-0.62)
	在外省等居住 （相对父母，是=1）	-0.0392 (-0.66)	-0.0285 (-0.48)	-12.783 (-0.27)	-22.196 (-1.78)

续表

子女的特征变量		概率方程		数量方程	
		(1)	(2)	(3)	(4)
文盲（对照组）	小学及以下学历（是 =1）	0.256 *** (4.81)	0.323 *** (5.28)	93.3 (0.55)	145.3 (0.63)
	初中及以上学历（是 =1）	0.420 *** (3.49)	0.516 *** (4.89)	617.6 (1.66)	795.3 ** (2.96)
成年的子女数		0.0554 (1.57)	0.0325 (0.91)	5.12 (0.15)	13.35 (1.36)
未成年子女的个数		−0.0318 (0.89)	−0.0321 (0.89)	8.572 (1.36)	11.338 (1.35)
父母是否照顾未成年子女（是 =1）		0.378 (1.21)	0.270 (0.77)	253.418 (0.23)	241.325 (0.51)
是否有工作（是 =1）		0.0353 *** (4.90)	0.0374 *** (5.20)	109.632 (0.91)	103.3 ** (3.12)
样本数		2429	2429	2429	2429

注：① （ ）内的数值为 t 统计量；② *** 、** 和 * 分别代表在 1% 、5% 和 10% 水平下显著。

五、我国父母对子女人力资本投资动机的分析

在西方国家，人们把抚育孩子看作是一种责任和精神满足，因为西方国家已经建立了一套完善的社会养老保障体系，人们主要依靠年轻时的储蓄和社会养老金来保障老年生活，而不需要依靠子女的经济资助。而在我国社会保障体制还不健全的背景下，丧失劳动能力并且没有储蓄的老年人需要依靠子女的经济转移来安度自己的晚年，也就是说子女成人并且有经济能力后，对父母的"反哺育"是我国社会普遍存在的一种现象。子女不仅是父母晚年经济生活的保障，而且也是父母晚年日常生活的照料者。

前文分别分析了我国父母对未成年子女人力资本投资的行为，得到该行为具有交换主义和利他主义的双重性质。而父母晚年接受成年子女经济帮助

具有交换主义的性质。交换主义动机区别于利他主义动机，意味着父母在子女的抚养方面也表现出利己的一面。这可以在一定程度上反映我国父母对子女的人力资本投资具有利己的一面。另外，受社会伦理和"生物"本能的驱动，我国父母对子女的人力资本投资动机又具有利他的一面。例如，宗利永和孙绍荣（2006）认为家庭教育投资行为受到亲缘关系、家庭责任等非经济因素的重要影响。综合考虑，本节把父母对子女的人力资本投资描绘为利己动机驱动下的利他行为，家长对子女进行人力资本投资受到交换和利他两种动机的混合驱动；或者说我国父母对子女的人力资本投资受利人利己的互利动机驱动，这一结论更加具有合理性。

由于在人力资本代际流动的途径中，父母对子女的人力资本投资是最重要的途径，所以父母对子女进行人力资本投资的动机也体现了人力资本代际流动的动机，即我国人力资本代际流动也是受利人利己的互利动机驱动。

第四节　人力资本代际流动的影响因素

前面分析了我国父母人力资本对子女人力资本的影响路径、子女人力资本的影响因素和父母对子女进行人力资本投资的动机，但是这还不足以对人力资本代际流动机制进行完整的解析。在我国现实社会中，还普遍存在着一种现象：有些家庭子女的人力资本要高于父母；但是也存在相反的情况，即子女的人力资本要低于父母。这种现象涉及的是人力资本代际流动方向的问题，那么我们应该如何定义人力资本代际流动方向呢？人力资本代际流动又受到哪些因素的影响呢？

一、实证研究数据的来源

如同上节，本节的实证研究仍然使用中国健康与养老追踪调查数据库（CHARLS，2015）。在该数据库中，教育层次的分类非常详细，从未受过正规教育、未上完小学但能够读写一直到最高层次的博士毕业，自下而上总共分为十一个层次，分别用数字 1～11 来表示[1]。在 CHARLS（2015）中，5679 个样本调查了受访者及其配偶的受教育层次，另外有 9325 个样本调查了子女的受教育层次。教育分层细而且样本量多，数据质量比较高。一是教育分层细有利于我们准确分辨父代受教育层次与子代受教育层次之间的差异，能够更加准确判断人力资本代际流动的方向（或教育代际流动的方向）。二是样本量多能够保证我们得到一致性估计，减少估计误差。图 5.7 是对 CHARLS（2015）数据库中父代受教育层次与子女受教育层次的描述。

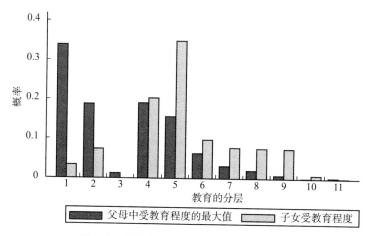

图 5.7　父代与子代受教育层次的分布图

资料来源：根据 CHARLS（2015）计算整理而得。

从图 5.10 直观地看出，父代的受教育层次主要集中在第 1、第 2、第 4、第 5 层次，分别代表未受过教育（文盲）、未读完小学但能读写、小学和初中毕业。对于子代来说，受教育层次主要集中在第 4、第 5、第 6、第 7 层次，分别代表小学毕业、初中毕业、高中毕业和中专毕业（包括职业高中和中等师范）。通过计算两代人受教育层次的平均值，得到父母代和子代的平均受教育层次分别为 3.1 和 5.3，二者的差距要大于 2。

---

① CHARLS（2015）把教育水平分为十一个层次，从下到上依次为：未受过教育（文盲）、未读完小学但能够读写、私塾、小学毕业、初中毕业、高中毕业、中专（包括中等师范、职高）毕业、大专毕业、本科毕业、硕士毕业和博士毕业。

二、人力资本代际流动性的说明

在研究人力资本代际流动性时，存在大多数样本的人力资本代际流动方向呈现"向上"的特征。在符合条件的 3607 个样本中，仅有 441 个样本的人力资本代际流动方向呈现"向下"的特征，占样本总数的 12.2%；父代与子代人力资本相同的样本有 702 个，占样本总数的 19.5%；另外，68.3% 的样本的人力资本代际流动呈现出"向上"的特征。原因主要在于我国经济社会的发展和义务教育制度的实施，教育的投入不断增加，各地区教育设施不断完善，使得我国整体的受教育层次在提高。如果直接使用数据进行实证研究，会得到有偏的结论而且没有现实意义性。所以，要进行数据的处理。

处理数据的方法有两种：一是考察每代人的受教育层次在同代人中的分布位置，如果父代受教育层次在同代人中所处的位置和子女一致，则说明代际间人力资本没有流动；如果父代受教育层次在同代人中所处的位置更靠左，说明代际间人力资本向上流动；否则，代际间人力资本向下流动。但是，受教育层次是离散而非连续的，我们无法确切定位个体受教育层次在同代人所处的位置，导致这种处理方法存在一定问题。二是针对父代每个教育层次上，分别计算子代的平均教育层次，并计算两者之差，记为 Δh_1。然后，再分别在父代每个教育层次上计算父代与子代教育层次的差值，记为 Δh_2。如果后者更大，说明代际间人力资本向上流动，否则代际间人力资本向下流动；二者相等说明代际间人力资本没有流动。通过处理，在符合条件的 3607 个样本中，代际间人力资本向上流动的比例占 41.5%，向下流动的比例为 41.3%，保持不变的比例为 17.2%。

三、解释变量的选取与描述性统计

为了分析人力资本代际流动的影响因素，首先用数字来表示人力资本代际流动性。如果子代的受教育层次高于父代的受教育层次[①]，我们定义变

---

① 并非直接进行比较，而是比较处理后数值，下同。

量"人力资本代际流动"的取值为1；如果两者相等则为0；否则，取值为
-1。有了因变量后，我们从CHARLS（2015）数据库中选择可能影响人力资
本代际流动的解释变量，选取的变量包括父代的受教育层次、父亲第一份工
作的单位类型、父亲的技术职称、父亲是否是党员、孩子18岁时父亲的年
龄、孩子的年龄、性别、民族和所在地区等。表5.13是所有变量的说明、符
号和释义。表5.14是对变量的描述性统计。

表5.13 变量的说明、符号和释义

变量名称	变量符号	变量释义
父代的受教育程度	*fedu*	父母中受教育层次的最大值，用数字"1~11"来表示
孩子的受教育程度	*cedu*	孩子最高的受教育层次，用数字"1~11"来表示
人力资本代际流动	*mobility*	分为向上流动、没有流动和向下流动三种，分别用数字"1、0、-1"来表示
父亲的技术职称	*ftech*	虚拟变量，分为"有"和"没有"两种类型，分别用数字"0"和"1"来表示
父亲第一份工作的单位类型	*foocu*	政府部门、事业单位和非营利机构用数字"1"来表示，企业和个体企业用数字"2"来表示，农户和居民户用数字"3"来表示
父亲是否为管理者	*fmanager*	虚拟变量，"是"用数字"1"来表示，"不是"用数字"0"来表示
父亲是否是党员	*fpolitical*	虚拟变量，分为"是"和"不是"两种类型，分别用数字"0"和"1"来表示
孩子18岁时父亲的年龄	*lnfage*	孩子18岁时父亲年龄的自然对数
孩子出生时的户口	*hukou*	虚拟变量，农村户口用数字"1"来表示，其他用数字"0"来表示
孩子的年龄	*cage*	孩子在2013年时的年龄
孩子的性别	*cgender*	虚拟变量，男性用数字"1"来表示，女性用数字"0"来表示
民族	*nationality*	虚拟变量，汉族用数字"1"来表示，其他民族用数字"0"来表示
所在地区	*region*	虚拟变量，东部用数字"1"表示，其他地区用数字"0"表示

表 5.14 变量的描述性统计

变量	最小值	最大值	平均值	标准差
fedu	1	11	3.13	2.09
cedu	1	11	5.27	1.97
mobility	-1	1	-0.21	0.97
ftech	0	1	0.18	0.39
foocu	1	3	2.57	0.65
fmanager	0	1	0.05	0.22
fpolitical	0	1	0.11	0.31
lnfage	3.58	4.36	3.79	1.05
hukou	0	1	0.76	0.42
cage	25	78	33.86	8.79
cgender	0	1	0.69	0.45
nationality	0	1	0.92	0.27
region	0	1	0.46	0.54

资料来源：根据 CHARLS（2015）计算整理而得。

四、实证研究模型的构建

结合本书所研究问题的特点，排序 Logit 模型是比较科学的研究方法。因为我们所研究的因变量取值是离散的（-1、0 和 1），而且每个具体数字都有特定的含义。如前文所述：-1、0 和 1 分别指代际人力资本向下流动、没有发生流动和向上流动。但是排序 Logit 模型也存在着一些问题，例如，排序 Logit 模型假定代际人力资本向上流动、没有流动、向下流动的影响因素是一样的；而且假定各个因素的影响程度和影响方向也是一样的，这即为平行回归假说（parallel regression assumption）。为了使回归结果更加具有稳健性，克服上述可能存在的问题，即代际间人力资本向上流动、向下流动所依赖的因素在影响程度和方向上可能存在差异，我们同样使用多项 Logit 模型（multinomial logit model，简称 MLM）来进行实证研究。与排序 Logit 模型不同，多项 Logit 模型认为因变量的取值不存在顺序之分。在模型的构建过程中，多项

Logit 模型选择一个因变量的取值作为参照，然后用其他因变量的取值与该参照取值进行比较，并分别构建二值 Logit 回归模型。模型得到的回归结果克服了排序 Logit 模型回归结果的局限性，因此可以得到更加有意义的结论。但是，MLM 需要满足"无关方案的独立性"假定（independence of irrelevant alternatives，简称 IIA），即无论增加还是减少因变量的取值结果，对原先回归结果都不会产生实质性影响，检验的方法是豪斯曼检验（Hausman test）。

在进行实证研究之前，我们先来构建实证研究模型。我们把个人的人力资本发生流动的概率记为 $P(Y_i)$，那么 $P(Y_i)$ 可以表示成：

$$P(Y_i = j) = \frac{\exp(\alpha'_j o_i)}{\sum_{j=-1}^{1} \exp(\alpha'_j o_i)}, \quad (j = -1,\ 0,\ 1;\ i = 1,\ 2,\ \cdots,\ n) \quad (5.10)$$

在公式（5.10）中，n 是样本的数量，j 表示代际间人力资本流动方向（-1、0、1 分别代表向下、不变和向上流动），α_j 代表参数向量，o_i 代表影响代际间人力资本流动的解释变量。假定 Y_i 的某个组作为参照组。在本书中，为了考察代际间人力资本向上流动和向下流动的影响因素，我们以 $Y_i = 0$ 作为参照组，并将参数向量 α'_0 设定为 0，这样公式（5.10）又可以表示成：

$$P(Y_i = j) = \frac{\exp(\alpha'_j o_i)}{1 + \sum_{j=-1,1} \exp(\alpha'_j o_i)}, \quad (j = -1,\ 0,\ 1;\ i = 1,\ 2,\ \cdots,\ n)$$

$$(5.11)$$

$$P(Y_i = 0) = \frac{1}{1 + \sum_{j=-1,1} \exp(\alpha'_j o_i)}, \quad (i = 1,\ 2,\ \cdots,\ n) \quad (5.12)$$

这样根据公式（5.11）和公式（5.12）可以求解代际间人力资本发生流动与不发生流动的对数比率：

$$\ln\left[\frac{P(Y_i = j)}{P(Y_i = 0)}\right] = \alpha'_j o_i \quad (5.13)$$

如果对公式（5.10）进行扩展，得到方程式：

$$intermobility_i = \ln\left[\frac{P(Y_i = j)}{P(Y_i = 0)}\right] = \alpha + \beta \times X_i + \beta' \times X'_i + \varepsilon_i + \varphi_i + \delta_t \quad (5.14)$$

其中，$intermobility_i$ 反映的是子女人力资本相对于父代人力资本发生流动与不发生流动的概率比，这样可以分析代际间人力资本向上流动、向下流动时，各个解释变量的影响方向和影响程度。变量 X_i 和 X_i' 分别代表子女的特征变量和家庭背景变量，δ_i 代表残差项。

五、实证研究结果的分析

（一）基于有序 Logit 模型的回归结果分析

我们首先使用有序 Logit 模型来分析人力资本代际流动的影响因素，表 5.15 给出了有序 Logit 模型的回归结果。模型 1 包含了表 5.13 左侧的七个变量，模型 2 至模型 4 都分别只包含了一个变量。之所以这样构建模型，是因为前七个变量的样本数量要远远多于后三个变量的样本数量（变量"父亲有技术职称"只有 22 个样本）；如果将这十个变量放在一个模型中，会出现大部分样本被剔除的情况。从该回归结果中可以看出，父代的受教育层次越高，子女的人力资本就越容易向下流动（相对于父母），这个结论比较容易解释。在一个具有大学学历背景的家庭和一个小学学历背景的家庭中，后者子女的人力资本更容易高于父母，所以父代受教育层次的估计系数是负值，说明代际人力资本越不容易向上流动。孩子的年龄越大意味着出生的年代越早，那么与出生年代较晚的孩子相比，社会经济发展程度、家庭收入与教育设施都处于劣势，所以受教育的年数也会相应地减少，代际人力资本就越容易向下流动。在我国社会中，与女孩相比，父母更愿意供男孩读书，所以男孩的教育更容易高过父母，即男孩的人力资本更容易向上流动。我国是一个多民族的国家，与少数民族相比，汉族自古就有"读书改变命运"的观念，历来就重视子女的教育，所以汉族子女的人力资本就越容易向上流动。表 5.15 的结果还说明父亲的年龄越大，其子女的人力资本越容易向下流动。可能的原因在于父亲年龄越大，与孩子亲子沟通的效果越不好，从而不利于孩子学业成绩的提高，孩子的受教育层次更易于向下流动。新中国成立以来我国实现了二元户籍制度，对农村户口的孩子来说，其父母的受教育层次比较低，而且到城里工作且获得城市户口是众多农村孩子和父母的愿望，读书是农村孩子脱离农村的主要途径，在这种观念的指引下，农村孩子的教育更容易向上流动。在我国，党员身份意味着拥有更多的政治资本，这种政治资本使孩子能够接受更高层次的教育，向上流动的可能性更大。此外，父亲工作单位的类型也对代际教育流动有显著性影响，父亲在政府部门、事业单位和非营利机构工作的家庭，其子女的教育层次更不容易向上流动，这可能因为这些孩子父母的教育水平较高，其子女教育高过父母的空间比较小；相反，在农民家庭中，孩子更容易获得比父母高的教育水平。父亲是否有技术职称、父亲是否是管理者在我们的模型中并不显著，对代际间人力资本流动的影响不显著。

表 5.15　　基于有序 Logit 模型的人力资本代际流动的影响因素的回归结果

变量	模型 1	模型 2	模型 3	模型 4
父代的受教育层次	- 1.029 *** (- 27.36)			
孩子的年龄	- 0.0597 *** (- 11.64)			
孩子的性别	0.359 ** (3.22)			
民族	0.886 *** (5.18)			
孩子 18 岁时父亲年龄的对数	- 1.517 *** (- 3.87)			
孩子 18 岁时的户口（农村户口 =1）	0.618 *** (9.94)			
父亲是党员	0.790 *** (4.99)			
父亲的工作单位类型		0.316 * (1.97)		
父亲有技术职称			0.629 (0.47)	
父亲是管理者				0.454 (0.58)

续表

变量	模型1	模型2	模型3	模型4
常数项	-10.49 *** (-6.52)	1.258 ** (2.87)	1.322 * (2.35)	0.742 *** (4.32)
R^2	0.3205	0.0065	0.0087	0.0016
样本量	3127	464	22	162

注：① （ ）内的数值为 t 统计量；② *** 、** 和 * 分别代表在1%、5%和10%水平下显著。

（二）基于多项 Logit 模型的回归结果分析：稳健性检验

前文使用的是有序 Logit 模型，本节使用多项 Logit 模型来分析人力资本代际流动的影响因素，并作为有序 Logit 模型的稳健性检验。表5.16 是使用多项 Logit 模型得到的回归结果。在前文的分析中，我们介绍了多项 Logit 模型使用的前提条件：无关方案的独立性。所以首先要进行豪斯曼检验，检验的结果符合假设条件。我们使用多项 Logit 模型是为了克服有序 Logit 模型的局限性。结合本书研究的特点，在多项 Logit 模型中，我们使用代际间人力资本的不流动（$Y_i = 0$）作为参照组。表5.16 列举了"向上流动"和"向下流动"两列回归结果，我们可以看到变量的估计系数在符号和绝对值上是不一致的，这主要是因为模型估计方法的选择问题。在这里，我们着重分析一下变量估计系数在符号方面上的差别，以及这种差异的原因和所代表的含义。对于模型中所选择的父代受教育层次、孩子的年龄、性别、民族、18 岁时的户口、18 岁时父亲的年龄、父亲是否是党员等七个变量，它们的符号在"向上流动"和"向下流动"这两列回归结果中恰好是相反的。出现这一情况，可以这样理解：以变量"父代的受教育层次"为例，其取值越高，那么子女的教育层次高过父母的可能性会降低，也就是说越不容易向上流动，使得"向上流动"这一列的变量估计系数是负值。越不容易向上流动也意味着向下流动的概率增大，所以该变量的估计系数在"向下流动"这一列中是正值。对于其他变量的分析也同样如此，所以回归结果出现相反符号的变量估计系数是合理的。表5.16 还显示"向上流动"这一列的变量估计系数的符号和表5.15 是一致的，原因在于：在表5.15 中，变量的估计系数为正值，说明随着该变量的增大，隐变量也随之增大，就越容易达到因变量（取值为 -1、0 和 1）取值为 1 时的那个区间，意味着代际的教育越容易向上流动。所以两种回归结果出现变量估计系数的符号一致是合理的。通过表 5.15 和表 5.16 回归结果的比较分析，得出本书实证研究的回归结果是稳健的。

表 5.16　　　　　基于多项 Logit 模型的人力资本代际流动的
影响因素的回归结果（一）

变量	向下流动	向上流动
父母代的受教育层次	0.337 *** （8.52）	-0.778 *** （-16.56）
孩子的年龄	0.0269 *** （4.15）	-0.0397 *** （-5.66）
孩子的性别	-0.196 （-0.14）	0.322 * （2.14）
民族	-0.623 ** （-2.62）	0.428 （1.66）
孩子 18 岁时父亲年龄的对数	1.381 * （2.48）	-0.464 （-0.81）
孩子 18 岁时的户口（农村户口 =1）	-0.730 *** （5.67）	0.902 *** （-4.09）
父亲是党员	-0.0186 （-0.09）	0.776 *** （3.54）
常数项	-6.186 ** （-2.75）	6.402 ** （2.75）
R^2	0.2396	0.2396
样本量	3099	3099

注：① （ ）内的数值为 t 统计量；② *** 、** 和 * 分别代表在 1%、5% 和 10% 水平下显著。

同使用有序 Logit 模型分析人力资本代际流动的影响因素一样，本书在使用多项 Logit 模型时，也单独考察"父亲的工作单位类型""父亲是否有技术职称""父亲是否是管理者"等三个变量对人力资本代际流动的影响。表 5.17 是分别将变量"父亲有技术职称""父亲工作单位类型""父亲是管理者"加入多项 Logit 模型得到的回归结果，这样处理的原因和上面解释的原因一样。我们从表 5.17 可以看到，虽然三个变量在"向下流动"和"向上流动"的符号是一致的，但是都是不显著的，说明了这三个变量对代际间人力资本流动的影响不显著。

表 5.17 基于多项 Logit 模型的人力资本代际流动的
影响因素的回归结果（二）

变量	（1）		变量	（2）		变量	（3）	
	向下流动	向上流动		向下流动	向上流动		向下流动	向上流动
父亲有技术职称	14.88 (0.01)	15.20 (0.01)	父亲工作单位类型	0.161 (0.73)	0.449 (1.90)	父亲是管理者	13.83 (0.01)	14.05 (0.01)
常数项	1.012 (1.73)	-0.0102 (-0.00)	常数项	0.984 (1.69)	0.0239 (0.04)	常数项	1.328 *** (5.54)	0.821 ** (3.21)
R^2	0.0323	0.0323	R^2	0.0053	0.0053	R^2	0.0069	0.0069
样本量	22	22	样本量	460	460	样本量	162	162

注：① （ ）内的数值为 t 统计量；② *** 、** 和 * 分别代表在 1% 、5% 和 10% 水平下显著。

第五节　本章小结

本章主要分析人力资本代际流动的内在机制。首先，对我国人力资本代际流动的直接途径和间接途径进行了理论分析。人力资本代际流动的直接途径是指父母人力资本直接作用于子女的人力资本，并对子女人力资本的形成产生重要的影响，中间不需要媒介；而间接途径则需要借助媒介。直接途径主要包括遗传和家庭教育，间接途径依赖的媒介主要包括收入、时间和生育率等。其次，本章使用 CGSS（2015）数据库对我国父母代人力资本和子代人力资本的相关性进行实证检验，得出父母人力资本是影响子女人力资本积累的重要因素，并且母亲人力资本对子女人力资本的影响程度更大。再次，把父母对子女进行人力资本投资的行为动机分为利他主义动机、交换动机、保险动机和投资动机等四种类型，分别介绍每种动机的具体特征。结合我国经济、社会和文化背景，分析我国父母早期对未成年子女进行人力资本投资的行为，发现同时具有交换动机和利他动机；同时使用 CHARLS（2015）数据库对父母晚年接受成年子女经济帮助的行为进行实证分析，结果表明我国父母晚年接受成年子女经济帮助的行为中隐含着交换主义动机；综合考虑，得到我国父母对子女的人力资本投资受到利他利己的互利动机驱动。这与国内一些学者的理论分析是吻合的，例如，郭于华认为我国家庭亲子关系存在着一种交换逻辑，体现为利他主义与交换主义的混合动机。最后，本章回答了为什么有的家庭子女的人力资本高于父母，而有的家庭子女的人力资本低于父母，也就是关于人力资本代际流动的影响因素问题。实证研究结果显示父母的受教育层次、年龄、是否是党员以及孩子的年龄、性别、户口和民族都会影响人力资本代际流动。

虽然本章从途径、动机和影响因素三个角度系统剖析了我国人力资本代际流动的机制，但是也存在以下的缺陷：一是政策因素由于难以量化而没有加入实证模型中。毫无疑问，我国实行的义务教育政策全面提高了国民的整体教育水平，也影响到代际间的教育流动，这是以后研究需要改进的地方。二是由于资料的局限，没有分析国内外父母对子女进行人力资本投资动机的异同性。

| 第六章 |

我国人力资本代际流动、收入代际流动与收入差距

第一节　国内收入差距的现状

收入差距是世界上所有国家和地区都面临的一个难题。我国自改革开放以来，经济增长取得的成绩有目共睹，对国内外都产生了极大的影响。1978~2014 年，国内生产总值（GDP）的年平均增长率接近 10%，居民人均收入的年平均增长率超过了 7%。尤其在进入了 21 世纪后，GDP 的年平均增长率超过了 10%，农村居民和城市居民的年平均收入增长率分别达到了 6.8% 和 9.6%。[①] 与经济高速增长相伴随的是收入差距问题。大量研究表明：1978 年以来，我国社会的收入差距随着时间推移而逐渐上升。在 20 世纪 80 年代后期至 90 年代中期这段时间，我国社会的收入差距一直在扩大。这段时间正处于改革开放的初期阶段，中国的市场机制刚刚建立，市场空前活跃，一些抓住市场机会的人通过诚实劳动、合法经营大幅度提高了自己的收入；而另一些人的收入水平仍然比较低，导致收入差距不断扩大。但从 20 世纪 90 年代的中期到 21 世纪初期，收入差距继续扩大的趋势放缓。在这段时间内，中国

---

① 根据历年《中国统计年鉴》的计算，1978~2014 年，农村居民的人均实际收入水平增长了 7.36 倍，城市居民的人均实际收入水平增长了 7.55 倍。

的市场改革放缓，高收入者已经逐渐演变为既得利益集团，并且他们的收入优势会通过教育投资和裙带关系等途径传递给子代；此外，低收入者迈入高收入者的渠道也变少，社会的收入差距比较大并且增长速度也在放缓。总之，收入差距问题日益引起人们的关注，它既影响社会的公平性，也不利于经济的可持续发展。

衡量收入差距的指标有很多，比较简单的指标有收入的方差、收入的变异系数等。目前国际最常用的测量指标是基尼系数。基尼系数是 1943 年美国经济学家阿尔伯特·赫希曼提出来的，是根据洛伦兹曲线所计算的一个比例数值，取值在 0 ~ 1 之间，是国际上流行的综合考察居民内部收入分配差异状况的一个分析指标。如果基尼系数取值是 0，则代表着收入分配是绝对平均的，不存收入差距问题；如果基尼系数取值是 1，则说明存在最大限度地收入不平等。这是两种极端情况。更为常见的情况是：基尼系数取值介于数值 0 ~ 1 之间。我国统计局每年都要公布上一年的基尼系数，2015 年的基尼系数为 0.462，低于 2014 年的 0.469。虽然数值上有所下降，但还在国际公布的警戒线（0.4）以上，这也说明了收入不平等仍然是我国政府急需解决的关键问题。从基尼系数的趋势上来看，2003 ~ 2013 年的全国居民收入基尼系数分别为 0.479、0.473、0.485、0.487、0.484、0.491、0.490、0.481、0.477、0.474、0.473。自 2008 年以来，全国居民收入基尼系数在逐年下降（见图 6.1）。

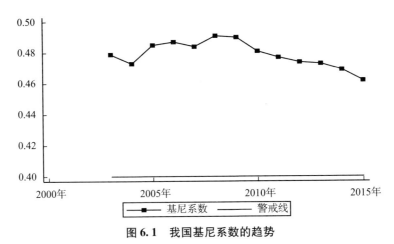

图 6.1　我国基尼系数的趋势

资料来源：根据国家统计局公布的基尼系数绘制而得。

近些年来，我国社会中存在的"穷二代"与"富二代"现象也说明了社会收入差距过大的问题。事实上，"穷二代"和"富二代"现象反映了我国收入代际流动性偏低的问题，收入水平高的子代通常有一个收入水平高的父亲，收入水平低的子代往往来自贫困的家庭，说明收入代际传递会产生收入的不平等，使社会阶层处于一个相对僵化的状态，低收入者向高收入者流动的渠道变窄。本书主要从"代际流动性"的角度来分析收入差距的原因，例如，人力资本代际流动性和收入代际流动性的关系，收入代际流动性和收入差距的关系，人力资本代际流动对代际收入相对差距变动的影响等。从"代际流动性"的角度来研究社会收入差距具有十分重要的意义，既可以解释所谓的"穷二代"和"富二代"现象，也可以找到引起社会收入差距的原因。本章接下来的内容安排如下：首先，通过构建实证研究模型对人力资本代际流动与收入代际流动的相关关系进行分析，并对实证回归结果进行解释；其次，使用国内横截面数据和国际上部分国家的横截面数据，从实证角度分析收入代际流动和收入差距的相关性，并对收入代际流动与收入差距的相关性进行经验总结；最后，利用收敛模型来考察人力资本代际流动对代际间收入相对差距变动的影响。

第二节　人力资本代际流动与收入代际流动相关性的实证分析

个人收入是由很多因素决定的，包括受教育水平、工作经验、技巧和熟练程度、年龄、地域因素、市场因素等。其中，人力资本水平（本章将受教育水平作为人力资本的替代指标）是决定个人收入的重要因素。[①] 通常情况下，个体人力资本水平越高意味着收入水平也越高。而个体人力资本水平与父代的人力资本存在关联性，即个体人力资本中的一部分可以由父代的人力资本水平来解释。图 6.2 形象地反映了人力资本代际流动与收入代际流动的关联性。

---

① 舒尔茨（Schultz，1960）、贝克尔（Becker，1975）和明瑟（Mincer，1974）分别构建了人力资本模型来说明人力资本是决定收入的重要因素。

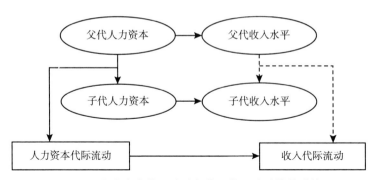

图 6.2　人力资本代际流动与收入代际流动的关联性

人力资本包括个体所拥有的教育、知识、健康、工作经验等，决定了个体收入的多少。本书前半部分详细论证了父代与子代之间人力资本的相关性，并且用人力资本代际弹性来反映相关性的大小。由于人力资本在代际间具有流动性，导致由人力资本决定的收入在代际间也具有流动性。[①] 收入代际流动性反映父母收入和子女收入之间的相关性程度，这种相关性是以人力资本的代际流动为纽带。通常理解，较低的人力资本代际流动会阻碍收入的代际流动性，而收入代际流动性的降低容易形成固化的阶层，低收入阶层在对子女人力资本投资方面处于明显劣势，导致子女的收入也处于低层次，这样就形成了恶性循环，从而会加剧收入不平等程度。以上是两者之间关系在逻辑上的分析，但是两者之间是否确实存在相关性，还需要借助计量分析工具来进行实证检验。

一、数据的来源

本章实证研究所使用的数据库是 CGSS（2006）。原因在于：一是 CGSS是一项针对全国所有省（区、市）的调查数据，抽样方法科学合理，调查问卷涵盖了经济学、人口学和社会学等有利于本项实证研究的内容，被访问者的应答率非常高且真实可靠。二是 CGSS（2006）的调查统计中，问卷中既提问了被访问者的收入情况，也涉及了被访问者的父亲的收入情况，这

[①]　前文从理论角度分析了人力资本代际流动与收入代际流动的相关性。

为实证研究提供了方便；并且 CGSS（2006）包括了城镇问卷和农村问卷，能够让研究分为城镇和农村两种情况。其他年份的 CGSS 数据库虽然都调查了被访问者的收入情况，但是没有关于被访问者的父亲收入情况的调查，使得本项研究难以进行下去。所以综合考虑，本章使用 CGSS（2006）数据库。

二、样本的筛选和核心变量的处理

依据本部分的研究目的和 CGSS（2006）数据库的特点，需要对数据库中的样本进行筛选，保留符合实证研究条件的样本，同时对相关的变量进行处理。第一，CGSS（2006）调查的被访问者的年龄介于 18～70 岁之间。在我国的现实情况下，部分年龄在 18～25 岁之间的人群仍然在接受学校教育，这部分人群是没有收入的，而是在为以后的收入进行人力资本积累，所以本章不考虑这部分群体；另外，我国法定的男性退休年龄为 60 岁，女性为 55 岁。对于年龄大于 60 岁的父亲而言，已经退休在家，所以没有工资性收入。考虑到以上的情况，本章选择被访问者和其父亲的年龄均介于 25～60 岁之间的样本，这样得到的研究结果更加具有实际意义。第二，本章研究的核心变量是被访问者和其父亲的收入以及受教育程度。以下分别对收入和受教育程度的处理过程进行说明。

CGSS（2006）调查了被访问者和其父亲 2005 年的收入情况，但是调查的数值只是年度数据（2005 年的实际收入），并非持久性收入，所以以用该统计数值进行实证研究具有缺陷性，必须进行科学合理的处理。虽然持久性收入难以观测，但是我们可以通过方程式来表示持久性收入和实际收入之间的关系：

$$y_{i,t} = y_i + v_{i,t} \tag{6.1}$$

其中，$y_{i,t}$ 代表 i 在第 t 年的实际收入，y_i 代表个体 i 的持久性收入，$v_{i,t}$ 代表 i 在第 t 年的暂时性收入，可以为正也可以为负。如果我们假设 $v_{i,t}$ 对时间 t 的期望值等于零，那么我们就可以用实际收入 $y_{i,t}$ 的期望值，即多年实际收入的均值，来计算个体的持久性收入。使用持久性收入来进行实证研究，可以大大降低实证研究结果的偏误。但是，在只有一年数据的情况下，我们无法采用这种处理方式。

海德和梭伦（Haider & Solon，2006）[1] 认为：个体的收入在其生命周期内是不断发生变化的，并非恒定的。因此，持久性收入对每个年份收入（实际收入）的影响系数随着个体年龄的变化而发生变化。根据公式（6.1）和海德和梭伦（Haider & Solon，2006）的观点，我们重新表示两者之间的关系：

$$y_{i,t} = \lambda_t y_i + v_{i,t} \tag{6.2}$$

公式（6.2）中的 λ_t 代表影响系数。那么影响系数（λ_t）在什么年龄段上更接近于 1 呢？国内学者韩军辉和龙志和（2011）的研究证实[2]：对于男性而言，30 岁以后的持久性收入和实际收入之间的差距较小，也就是说影响系数（λ_t）与 1 更加接近，这也是本章研究选择年龄处于 25~60 岁之间的样本的原因。另外，国内学者何石军和黄桂田（2013）的研究指出[3]：个体收入在其生命周期内呈现出二次函数的特征，即期初的收入低，并且随年龄增长而递增，在到达峰值后又转为下降。根据个体收入的这个特征，我们把公式（6.2）扩展为：

$$y_{i,t} = y_i + \beta_1 age_{i,t} + \beta_2 age_{i,t}^2 + v_{i,t} \tag{6.3}$$

其中，$age_{i,t}$ 和 $age_{i,t}^2$ 分别表示个体年龄和年龄的平方。公式（6.3）代表的含义是：把个体的实际收入分解成持久性收入和年龄的二次函数式，然后再加上暂时性收入（由随机因素决定）。综合公式（6.1）~公式（6.3），本章对收入的处理方式为：一是通过把样本年龄段控制在 25~60 岁之间，使得持久性收入对实际收入的影响系数尽可能地接近于 1；二是通过加入子代、父代年龄和年龄平方的方法，消除生命周期因素对个体收入造成的影响。

本章对个体人力资本的度量仍然使用受教育程度。CGSS（2006）中，对子代、父代受教育层次的划分比较详细。下面需要强调一下本项实证研究对受教育层次的处理方式。一是把受教育层次划分为六个等级，分别为未上过学、小学、初中、高中、大专、大学本科及以上，其中把不识字或识字很少、

[1] Haider S, Solon G. Life-cycle Variation in the Association between Current and Lifetime Earnings [J]. The American Economic Review, 2006, 96 (4): 1308 – 1320.

[2] 韩军辉，龙志和. 基于多重计量偏误的农村代际收入流动分位回归研究 [J]. 中国人口科学，2011 (5): 26 – 35.

[3] 何石军，黄桂田. 中国社会的代际收入流动性趋势 [J]. 金融研究，2013 (2): 19 – 32.

没有受过任何教育和扫盲班视为未上过学，把职业高中、中专和技校等同于普通高中，把研究生及以上归于大学本科及以上这一教育层次。二是把成人教育（包括成人本科和成人专科）的样本删除。三是把相应受教育层次的受教育年限分别设定为 3 年、6 年、9 年、12 年、15 年、16 年。

在实证分析中，需要根据子代、父代的受教育程度来判断是否出现了人力资本代际流动。在职业代际流动的研究中，把父子从事相同职业视为没有发生职业代际流动；反之，则认为存在职业代际流动。但是在人力资本代际流动的研究中，情况却存在不同。原因在于子代受教育程度整体上要高于父代，如果使用研究职业代际流动时所采用的方法，则会出现绝大多数代际间人力资本向上流动的情况。为了克服这一缺陷性，本章对人力资本代际流动的定义采用上一章研究人力资本代际流动影响因素时使用的定义方法。

三、父代和子代收入的描述性统计

图 6.3 是在符合本项实证研究条件的样本中，根据父代收入和子代收入绘制的散点图。通过该图可以看出，除了少数几个异常点以外，绝大部分点的趋势性非常明显，即父代收入水平越高，其子女的收入水平也越高，因此得到的线性拟合曲线是向上倾斜的。根据样本数据计算的具体数值，子女收入水平的期望值为 11955.87 元，父代收入水平的期望值为 8076.33 元，两者的差距为 3879.54 元。年龄因素和教育因素是造成两代人收入差距的主要原因之一。接着，我们通过图 6.3 观察一下两代人的收入分布情况。在绘制该图时，排除掉了少数几个异常值，以便使得图像更加紧凑。图 6.4 是父代、子女两代人收入的核密度估计函数图，图中父代收入和子女收入的两条核密度估计函数图都呈现出右拖尾的特征，说明大多数个体都处于密度函数的左尾，即收入水平低于全体期望值，收入水平远远高于全体期望值的情况相对较少。两条核密度估计函数图都比较宽，这意味着收入水平在个体间的分布非常分散，通过计算的父代和子女的收入标准差分别为 11425.7 元和9261.6 元，这反映了我国的收入分配存在过大的状况。从两条曲线的关系来看，父代收入水平的核密度图在前半部分要高于子女的核密度图，而后半部分正好相反，这说明了父代收入低于子女收入的可能性更大，这与前

面的分析是一致的。

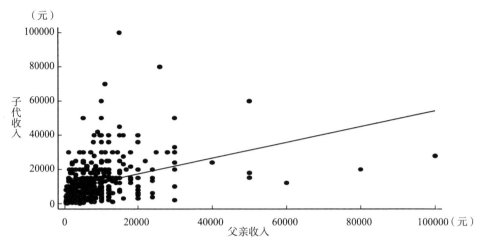

图 6.3　父代收入和子女收入的散点图

资料来源：根据 CGSS（2006）整理统计而得。

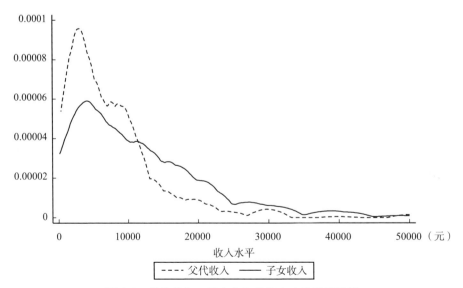

图 6.4　父代收入、子女收入的核密度估计函数图

资料来源：根据 CGSS（2006）整理统计而得。

四、人力资本代际流动与收入代际流动之间相关性的实证检验

研究人力资本代际流动对收入代际流动性的影响，首先要构建一个回归方程式，通过考察估计参数的符号和绝对值的大小来判断人力资本代际流动对收入代际流动性的影响。本章构建的回归方程式为：

$$\ln Y_{i,t} = \alpha + \beta \ln Y_{i,t-1} + \beta_1 \ln Y_{i,t-1} \times SameEducation_i + \gamma_1 SameEducation_i$$
$$+ \beta_2 age_{i,t} + \beta_3 age_{i,t}^2 + \beta_4 age_{i,t-1} + \beta_5 age_{i,t-1}^2 + \beta_6 cgender_{i,t}$$
$$+ \beta_7 cedu_{i,t} + \varepsilon_{i,t} \tag{6.4}$$

其中，$\ln Y_{i,t-1}$ 和 $\ln Y_{i,t}$ 分别表示取对数的父代和子代的收入，变量 SameEducation 是表示父代与子代处于相同教育层次的虚拟变量[1]，age 和 cgender 分别表示年龄和性别虚拟变量，cedu 代表子代的受教育程度。在回归方程式（6.4）中，我们关注的是参数 β_1 的符号，因为参数 β_1 反映了人力资本代际流动对收入代际流动的影响。具体而言，如果参数 β_1 的数值大于 0，表明人力资本的代际相似性越高（即人力资本代际流动性越小），收入代际弹性也越高，从而收入代际流动性越小；如果参数 β_1 的数值小于 0，则表明人力资本的代际相似性越高（即人力资本代际流动性越小），收入代际弹性越小，从而收入流动性越高。

全样本（包括农村和城市）下得到的回归结果见表 6.1。在这里，我们首先考察变量 "SameEducation"（简写为 sameedu）和交叉项 "$\ln Y_{t-1} \times Same$-Education"（简写成 slnfinc）估计系数的符号。模型 II 中，变量 "sameedu" 的估计系数为负，说明在控制其他解释变量不变的前提下，父代与子代处于相同教育层次会对子代收入产生负向的影响。但是，变量 "sameedu" 在模型 III 和模型 IV 中并不显著。交叉项 "slnfinc" 在回归结果中是显著的，并且符号是正的。我们知道，如果公式（6.4）对父代收入求偏导数，那么公式（6.4）等号的左边代表的含义是：父代收入每提高 1% 所引起的子女收入提高的百分比，即子女收入对父代收入的边际弹性，通过该边际弹性可以来反映收入的代际流动性。该边际弹性越大，意味着父亲收入每提高 1%，子女收入提

---

[1]　根据前文研究人力资本代际流动时所使用的处理方法。

高的百分比越大；反之，子女收入提高的百分比就越小。收入代际流动性与该边际弹性呈现反向关系，也就是说该边际弹性越大，收入代际流动性越小；反之，收入代际流动性就越大。① 接下来考察交叉项对收入代际弹性的影响。如果交叉项的估计系数（β_1）是正值，那么收入代际弹性要比不加交叉项时大，这也意味着收入代际流动性降低。系数（β_1）是负值的情况下，结论正好相反。表 6.1 的回归结果显示 β_1 是一个大于零的值，说明代际间人力资本的相似程度越高，收入的代际流动性就越小；反之，收入的代际流动性就越大。具体而言，在父代与子代处于相同教育层次的情况下，该边际弹性会增加 0.075 ~ 0.108，这说明父代和子代之间收入的关联性更强了，那么收入代际流动性会相应地下降。

表 6.1　　　　　人力资本代际流动对收入代际流动的影响（全样本）

变量	子代收入的对数			
	模型 I	模型 II	模型 III	模型 IV
lnfinc	0.402 *** (5.08)	0.403 *** (5.09)	0.369 ** (2.59)	0.304 ** (2.47)
lncage	45.27 *** (3.31)	46.99 *** (3.45)	47.00 *** (3.45)	46.60 *** (3.62)
qlncage	−6.287 ** (−3.17)	−6.547 *** (−3.31)	−6.551 *** (−3.31)	−6.549 *** (−3.51)
lnfage	32.04 (0.50)	9.067 (0.14)	12.05 (0.19)	−6.017 (−0.10)
qlnfage	−4.113 (−0.52)	−1.275 (−0.16)	−1.641 (−0.21)	0.705 (0.09)
sameedu		−1.030 *** (−3.39)	−0.908 (−1.40)	−0.478 (−0.21)
slnfinc			0.108 *** (4.66)	0.075 *** (3.16)

---

① 该边际弹性称为收入代际弹性，下文均用收入代际弹性来替代。

续表

变量	子代收入的对数			
	模型 I	模型 II	模型 III	模型 IV
cgender				1.254 *** (8.51)
cedu				0.155 *** (6.33)
常数项	−137.0 (−1.15)	−93.04 (−0.78)	−98.85 (−0.82)	−64.59 (−0.57)
R^2	0.145	0.156	0.156	0.260
样本量	1118	1117	1117	1117

注：① （ ）内的数值为 t 统计量；② *** 、 ** 和 * 分别代表在 1% 、5% 和 10% 水平下显著；③变量 "*slnfinc*" 是交叉项，是父代与子代处于相同教育层次的虚拟变量与父代收入的交叉项。

该实证结论具有十分重要的现实意义：要想提高收入代际流动性，我们可以从降低人力资本代际相似程度（改善人力资本代际流动性）入手。采取的措施有加强对农村地区的教育投入、完善农村贫困大学生的助学体系、政府或其他非营利机构加强对农民工的技能培训等。这些措施都能够提高弱势家庭子女的人力资本，改善人力资本代际流动性，降低人力资本代际相似程度，从而有利于促进收入代际流动性。

如前文所述，CGSS（2006）的样本分为农村和城市两个子样本，下面我们将分别考察农村和城市的情况。这样的处理方法可以分析人力资本代际流动对收入代际流动的影响在农村和城市是否存在差异性，以及农村样本下的结论和城市样本下的结论是否与全样本下的结论一致，即结论是否具有稳健性。接下来，我们分别对这两种情况进行分析。

农村样本下的回归结果见表 6.2。与全样本相同的是，变量 "*slnfinc*" 的系数也是正值，同样说明了人力资本代际相似程度越高（即人力资本代际流动性越低），收入代际流动性越低。区别在于：子代收入对父代收入的弹性值要小于全样本下的情况（不考虑人力资本代际流动对弹性系数的影响时），这意味着农村家庭中的父代和子代收入关联性相对要低。而且在父代与子代处于相同教育层次的家庭中，子代收入对父代收入的弹性值要比其他家庭要高出 0.077 ~ 0.132，这个数值要比全样本下的情况大。在其他解释变量中，子代年龄和子代受教育程度并不显著，说明这两个变量并没有对收入产生显著性的影响。农村教育代际流动的提高对于提高农村劳动生产效率具有重要意义，从而能够极大的促进农业科技创新能力。例如，卢中华（2014）认为农业科技创新群的形成与发展更多地受到学习机制等因素的影响。[①]

表6.2　　　　人力资本代际流动对收入代际流动的影响（农村样本）

变量	子代收入的对数			
	模型 I	模型 II	模型 III	模型 IV
ln*finc*	0.359 ** (3.01)	0.357 ** (2.96)	0.325 ** (2.75)	0.289 ** (2.58)
ln*cage*	13.21 (0.68)	13.61 (0.70)	14.18 (0.73)	21.21 (1.16)
*q*ln*cage*	−1.671 (−0.60)	−1.737 (−0.62)	−1.822 (−0.65)	−2.916 (−1.10)
ln*fage*	−96.74 (−1.12)	−98.80 (−1.15)	−94.21 (−1.09)	−112.6 (−1.38)
*q*ln*fage*	12.18 (1.14)	12.43 (1.17)	11.87 (1.11)	14.15 (1.40)
sameedu		−1.134 (−0.76)	−1.062 (−1.36)	−0.561 (−0.71)
*s*ln*finc*			0.112 *** (4.21)	0.077 *** (3.74)
cgender				1.418 *** (6.56)
cedu				0.041 (1.03)

---

① 卢中华. 国家农业科技创新系统研究 [M]. 西安：西安交通大学出版社，2014（12）：122 - 130.

续表

变量	子代收入的对数			
	模型 I	模型 II	模型 III	模型 IV
常数项	172.5 (1.08)	176.2 (1.10)	166.5 (1.04)	191.1 (1.26)
R^2	0.152	0.153	0.157	0.263
样本量	422	422	422	422

注：①（）内的数值为 t 统计量；② ***、** 和 * 分别代表在1%、5%和10%水平下显著；③变量"slnfinc"是交叉项，是父代与子代处于相同教育层次的虚拟变量与父代收入的交叉项。

城市样本下的回归结果见表6.3。与上面两个样本相同的是，变量"slnfinc"的系数也是正值，同样说明了人力资本代际相似程度越强，收入代际流动性越低。根据以上三个样本回归结果的分析，证明我们的结论是稳健的。即人力资本代际流动性越低，收入代际流动性也越低。与农村样本不同的是，城市家庭中的父代和子代收入关联性要更高一些。而且在父代与子代处于相同教育层次的家庭中，子代收入对父代收入的弹性值比其他家庭要高出 0.063～0.093，这个数值要比农村家庭的情况小。另一点不同的是，年龄变量和教育变量都是显著的。这说明与农村家庭不同，年龄变量和教育变量对收入产生了显著性的影响。

表6.3 　　人力资本代际流动对收入代际流动的影响（城市样本）

变量	子代收入的对数			
	模型 I	模型 II	模型 III	模型 IV
lnfinc	0.413 ** (2.67)	0.409 ** (2.81)	0.381 ** (2.39)	0.320 ** (2.35)
lncage	61.14 *** (3.35)	63.35 *** (3.49)	63.27 *** (3.48)	62.51 *** (3.54)
qlncage	-8.591 ** (-3.23)	-8.917 *** (-3.38)	-8.906 *** (-3.37)	-8.882 *** (-3.46)
lnfage	126.4 (1.46)	87.62 (1.01)	91.14 (1.05)	74.43 (0.88)

续表

变量	子代收入的对数			
	模型 I	模型 II	模型 III	模型 IV
qlnfage	− 15.96 (− 1.49)	− 11.16 (− 1.04)	− 11.60 (− 1.08)	− 9.412 (− 0.90)
sameedu		− 0.932 ** (− 3.10)	− 0.843 (− 1.15)	− 0.465 (− 0.73)
slnfinc			0.093 *** (3.58)	0.063 *** (3.30)
cgender				1.184 *** (6.43)
cedu				0.197 *** (5.26)
常数项	− 351.5 * (− 2.14)	− 276.5 (− 1.68)	− 283.1 (− 1.71)	− 249.5 (− 1.55)
R^2	0.146	0.160	0.161	0.249
样本量	696	695	695	695

注：① （ ）内的数值为 t 统计量；② ***、** 和 * 分别代表在 1%、5% 和 10% 水平下显著；③变量"slnfinc"是交叉项，是父代与子代处于相同教育层次的虚拟变量与父代收入的交叉项。

以上分别通过对全样本、农村样本和城市样本进行实证研究，得到了一致的结论：人力资本代际流动对收入代际流动有正向促进关系，即前者的程度越大，后者的流动程度也越大。可以这样来解释：父亲的收入主要由自身的人力资本水平决定，同样子代的收入也主要由自身的人力资本决定，而且父亲的人力资本和子代的人力资本具有相关性，这也是父亲收入和子代收入具有相关性的原因。那么这就决定了父亲和子代人力资本的相关性越强（人力资本代际流动程度越低），其收入的相关性也越强，也就是说代际间收入的流动性越小。

但是本章研究也存在着缺陷：一是样本量较少。虽然总的样本量比较多，但是符合研究条件的样本量较少；二是关于收入的数据质量并不高。从原始数据可以看出，很多被访问者对收入的回答只是一个大致的数值，而且存在一些异常值的情况，例如，有的被访问者年收入小于 100 元。所以受上述两个条件的限制，导致本部分研究还有很大的提升空间。

第三节　收入代际流动与收入差距
相关性的实证分析

前文从理论上对收入代际流动性与收入差距的相关性进行了分析，但是理论是否与现实具有一致性，还需要使用计量方法来进行二者相关性的实证检验。下文分别从国内的情况和国外的情况出发，使用相关的数据来对二者之间的相关性进行验证。首先，我们通过计算国内 31 个省（区、市）的收入代际弹性（收入代际流动性的度量指标）和基尼系数，使用线性拟合的方法来考察二者之间的相关性；其次，使用对经济合作与发展组织开展的"国际成人能力评估调查"项目（简称 PIACC），对 OECD 的 24 个成员国的代际间流动性与基尼系数之间的关系进行实证研究；最后，汇总国际期刊上研究不同国家收入代际弹性的文献，借助国外学者们计算的某些国家的收入代际弹性值和世界银行公布的基尼系数，研究这些国家的收入代际弹性和收入差距的相关性。

一、收入代际流动与收入差距相关性的国内经验分析

为了考察我国收入代际流动和收入差距的关系，本章从计算我国 31 个省（区、市）的收入代际弹性入手，并分别计算每个省份的基尼系数；然后，将两者放在同一个坐标系下，来直观分析二者的相关性。本节首先给出收入代际弹性的计算方法。同前文计算人力资本代际弹性类似，收入代际弹性的计算公式为：

$$y_{1,t} = \alpha_t + \beta y_{0,t} + bX + \varepsilon \qquad (6.5)$$

其中，$y_{1,t}$ 和 $y_{0,t}$ 分别代表子女和父亲在第 t 年的收入的对数，X 是控制的其他变量，包括子女和父亲的年龄及年龄的平方，还包括子女的性别。也就是说，用变量 X 来控制收入的生命周期特征以及性别差异。公式（6.5）中参数 β 就是收入代际弹性的估计值。

另外，各个省份基尼系数的计算方法为：我们把一定数量的人口按照收入水平从低到高的顺序进行排列，并且将所有人口分为 n 个小组，每个小组

的人数是相同的，假定第 1 个小组直到第 i 个小组的累计收入占所有小组总收入的比例为 w_i，那么我们的基尼系数可以简单地用下面的公式计算：

$$G = 1 - \frac{1}{n}(2\sum_{i=1}^{n-1} w_i + 1) \tag{6.6}$$

对于我国 31 个省（区、市）收入代际弹性和基尼系数的估计值见表6.4。可以看到，在不考虑估算误差下，我国各个省份的收入代际弹性和基尼系数均存在一定的差距。例如，通过估算得到的天津的收入代际弹性是0.180，而山西的这一数值为 0.549；基尼系数在各个省份间也存在差异性，天津的基尼系数为 0.298，而河北的基尼系数为 0.521。但是，相对于这两个变量的具体数值而言，我们更关心的是二者之间的相关性。

表 6.4　　　我国 31 个省（区、市）的收入代际弹性与基尼系数汇总

省（区、市）	北京	天津	河北	山西	内蒙古	辽宁	吉林	黑龙江	上海	江苏	浙江
收入代际弹性	0.075	0.180	0.281	0.549	—	0.515	—	0.321	0.198	0.574	—
基尼系数	0.390	0.298	0.521	0.283	—	0.402	0.245	0.364	0.354	0.498	0.467

省（区、市）	安徽	福建	江西	山东	河南	湖北	湖南	广东	广西	海南	重庆
收入代际弹性	—	0.049	0.324	0.410	0.004	0.619	0.262	0.692	0.269	—	—
基尼系数	0.424	0.458	0.513	0.466	0.419	0.475	0.441	0.692	0.648	—	0.265

省（区、市）	四川	贵州	云南	西藏	陕西	甘肃	青海	宁夏	新疆		
收入代际弹性	0.322	0.324	0.163	—	0.358	—	—	—	—		
基尼系数	0.522	0.345	0.486	—	0.463	0.486	—	—	—		

注：由于部分省份的样本数量本来就很少，再剔除掉一部分不符合实证研究要求的样本，故剩下的样本数量就寥寥无几，无法进行收入代际弹性的估算，所以表中会出现这些省份的缺失值。为了节省文章篇幅，表 6.4 中并没有列出各个解释变量具体的回归系数估计值，只列出了各个省（区、市）收入代际弹性的数值。此外，表 6.4 中各个省份的基尼系数是使用 Stata13.1 中的命令"Inequal7"计算所得。

为了能够直观地考察我国国内各省份收入代际弹性和收入差距之间的关系，我们把各个省份的收入代际弹性与基尼系数绘制成散点图（见图 6.5）。图6.5 中的各个点代表各个具体的省份，直线代表一次拟合线。从各个点的位置、

分布趋势和拟合线的斜率来看，我国国内各个省份之间的收入代际弹性与收入差距呈现出正向相关关系。虽然，有一些省份偏离拟合线的距离比较远，但是分布趋势总体上是向上倾斜的。这说明了我国收入代际弹性越高的省份，其收入差距也大；反之，其收入差距就小。也就是说，低收入代际流动性通常伴随着高收入差距，或者高收入代际流动通常与低收入差距同时存在。通过对国内各个省份收入代际弹性与收入差距的实证分析，我们会发展二者之间呈现出显著的正向关系，这也在一定程度上吻合了"盖茨比曲线"所描述的现象。①

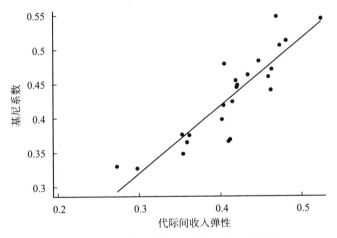

图 6.5　收入代际弹性与基尼系数的相关图

注：图中点是各省份收入代际弹性和基尼系数的组合点，直线是两者相关关系的拟合线。
资料来源：根据表6.4的计算结果绘制而成。

二、收入代际流动与收入差距相关性的国外经验分析

（一）基于国际成人能力测评项目（PIAAC）的实证分析

本章实证研究使用的数据来源于国际成人能力测评项目（PIAAC），该项

---

① 加拿大经济学家迈尔斯·克拉克曾经提出了著名的"盖茨比曲线"（the great gatsby curve），它说明了这样一种社会经济现象：高度不平等的国家具有较低的代际流动性，社会越不平等，个人的经济地位就越由其父母的地位决定，子女处于父辈的经济阶层的可能性就越高。

目是对经济合作与发展组织（OECD）成员国所实施的国际调查之一，该调查是在 24 个国家中对 16～65 岁成年人展开的调查，每个国家选取 5000 个人的样本，旨在对成年人在社会生活方面的能力进行评估。该项目不仅调查了成年人基本的认知能力和关键的工作技能，还调查了他们的性别、年龄、教育背景和工作经历等方面的信息。本章实证研究的目的在于考察国际上的发达国家和地区是否存在代际流动性与收入差距间的反向变动关系，即出现"盖茨比曲线"所描绘的那种"规律性"现象。

1. 实证研究模型的构建

经济学家明瑟（Minster）曾经提出了著名的明瑟收入方程式（Minster earning equation），该收入方程式把受教育水平作为决定个人收入的重要因素。结合明瑟收入方程式和本章实证研究的目的，把子女收入方程式的具体形式写为：

$$\log Y_i^{child} = \alpha' + \beta' \times E_i^{child} + \phi' \times C_i + \varepsilon_i \tag{6.7}$$

其中，$\log Y_i^{child}$ 为子女收入的对数值，E_i^{child} 代表子女的受教育程度，C_i 是其他影响子女收入的变量（如年龄等因素），ε_i 代表残差。由于子女受教育程度与父母的受教育程度具有较强的相关性（即存在教育代际流动性），我们把公式（6.7）的形式做一下改变，即把子女受教育程度用父母受教育程度来替代，于是得到方程式（6.8）：

$$\log Y_i^{child} = \alpha + \beta \times E_i^{parent} + \phi \times C_i + \varepsilon_i \tag{6.8}$$

其中，Y_i^{child} 代表子女的收入水平，E_i^{parent} 代表父母的最高教育程度。参数 β 代表父母教育程度提高一个单位，子女收入增长的百分比。因此，公式（6.8）反映了父母的受教育程度与子女收入的相关性。为了形象的表达两者之间的关系，我们通过图 6.6 来反映父母教育对子女受教育程度以及子女收入的影响路径。① 图 6.6 的左半部分是父母教育和子女教育的相关性路径（前文已经分析过），父母教育主要通过基因（健康、智力的遗传）、非货币投资（如亲子沟通）和货币投资（如供子女上学）等三条途径与子女教育存在相关性。而图的右半部分说明的是子女教育与子女收入的关联，子女的收入还依赖于教育的收益率。

---

① 图 6.6 中实线和虚线的含义，以及符号 λ、δ 和 γ 所代表的含义均在后文有说明。

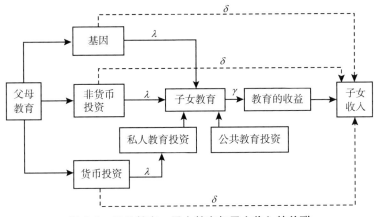

图 6.6　父母教育、子女教育与子女收入的关联

与公式（6.7）不同，公式（6.8）还具有另外的含义，从而使参数 β 具有十分重要的经济含义。在本章实证研究中，我们把父母教育作为划分社会阶层的标准，这与传统的划分方法不同。以往大部分的文献都把收入作为划分社会阶层的标准。本章把教育作为划分社会阶层的标准，是基于以下几点原因：首先，在数据获取方面，我们难以把各个国家父母收入的数据搜集完整，而且各个国家的统计口径也大相径庭，难以直接进行比较分析。例如，在 PIAAC 数据库中，各个国家父母收入的数据存在缺失现象并且难以在统一的口径下进行比较分析。其次，父母的教育程度能够较好地反映父母收入的大小，是父母收入的最佳替代变量。最后，从另一个层面来说，父母教育能够较好地反映出家庭对子女未来发展的前期投入，这里的投入既包括物质投入也包括非物质投入。例如，教育程度高的父母能够赚取更多的收入，同时拥有较高的社会资本和文化资本，从而更有能力增加对子女的人力资本投资。

2. 实证研究结果的分析

我们首先进行本章实证研究的第一步，即利用 PIAAC 来实证研究父母教育和子女收入的关联性，以及在不同国家的差异性。即通过公式（6.8）构建实证研究模型，把两者之间的关联性用参数 β 来表示，同时验证 β 取值的大小是否与国家的收入差距程度存在着关联性。研究的目的在于考察这些国家代际流动性与收入差距的相关性。表 6.5 计算了父母教育与子女收入的关联性（β），由于教育与收入具有很强的关联性，并且在大样本水平下，教育水平不同的两类人也具有不同的收入水平。因此β能够反映收入代际弹性。

表6.5　　　　β值的估计结果与不同家庭教育背景下的子女收入的差异性

项目	美国	斯洛伐克	波兰	英国	日本	俄罗斯	法国	韩国
β值	0.56	0.55	0.47	0.42	0.37	0.35	0.33	0.33
标准差	0.09	0.10	0.10	0.07	0.06	0.23	0.04	0.05
收入差异性（％）	75	74	61	51	44	42	40	40

项目	爱尔兰	西班牙	意大利	捷克	澳大利亚	爱沙尼亚	德国	加拿大
β值	0.33	0.30	0.28	0.26	0.25	0.25	0.24	0.22
标准差	0.07	0.13	0.06	0.05	0.06	0.08	0.04	0.06
收入差异性（％）	39	35	30	28	28	27	25	24

项目	丹麦	奥地利	芬兰	瑞典	新西兰	比利时	挪威
β值	0.21	0.20	0.17	0.14	0.14	0.14	0.12
标准差	0.07	0.07	0.05	0.04	0.04	0.04	0.05
收入差异性（％）	22	22	19	15	15	15	13

注：表中的数值是根据PIAAC数据库计算而得；标准差指的是β值估算的标准差；收入差异性是指低家庭教育背景的子女与高家庭教育背景的子女的收入差异性。

从表6.5中可以直观地看出，两者之间的关联性（β）在所有国家中都是显著的，说明了父母教育与子女收入存在显著的正向相关关系；但是β值的大小在不同国家和地区间存在较大的差异性。例如，芬兰、瑞典、挪威和丹麦等国家位于表6.5的最末端，父母教育背景与子女收入的关联性要低于0.20，远远小于美国的0.56。除了美国以外，斯洛伐克、波兰、英国和俄罗斯的β值也比较高。对于β值比较高的国家，因父母教育背景不同导致的子女收入的差异性往往也比较高。例如，对美国而言，来自高家庭教育背景的子女的收入水平要比低家庭教育背景的子女的收入水平高75%。除了美国以外，对斯洛伐克、波兰、英国和俄罗斯而言，高家庭教育背景的子女的收入水平和低家庭教育背景的子女的收入水平之间的差异性在所有列举的国家中也比较高。北欧国家（如芬兰、瑞典、挪威和丹麦）除了 β 值比较低以外，不同家庭教育背景下的子女收入差异性也比较低，这一数值在挪威仅为13%。如果把各个国家的 β 值和不同父母教育背景下的子女收入差异性依次与基尼系数做一个对比，会发现 β 值或不同父母教育背景下的子女收入差异性越高的国家，基尼系数往往越大。例如，在所有国家中，美国的 β 值最高，而美国的基尼系数也是最高的（为0.411）。相反，挪威的 β 值最低，同时其基尼系数也是最小的（为0.259）。

图6.7描述了父母教育背景与子女收入的关联性（β）和收入差距（用基尼系数来衡量）之间的关系。图6.7描绘的是 PIAAC 所有调查国家的状况，可以看出虽然收入不平等与 β 存在关联性，但是它们之间的关联性相对较弱（即拟合曲线的斜率比较小）。我们通过计算得到两者的相关系数为0.39，低于一些学者的估算结果，比克鲁格曼（Krugman，2012）和布兰登（Blanden，2013）的估算结果分别低85%和60%。虽然图6.7显示拟合曲线的斜率比较小，但是也说明了 β 值和基尼系数存在着正向相关关系，即 β 值越大（代际流动性越小）意味着收入差距就越大。由于俄罗斯、波兰、捷克、爱沙尼亚和斯洛伐克的社会、经济和政治制度在20世纪末期发生了改变，所以图6.8是将这些国家排除后得到的 β 值和基尼系数的相关性图，这样能够更加准确的反映 β 和收入差距的关系，因为已经排除了经济社会制度对两者相关性的影响。通过比较图6.7和图6.8，可以发现图6.8中的点分布更加集中，基本上都均匀分布在趋势线的两侧，拟合曲线的斜率值更大。通过剔除经济社会制度的影响，得到 β 值和基尼系数的相关性更强，这也在一定程度上反映了社会制度对代际流动机制起到了重要的作用。综合图6.7和图6.8，我们会发现"盖茨比曲线"所描绘的现象在这些国家里面是存在的，也就是说高代际流动性的国家往往伴随着低收入差距。

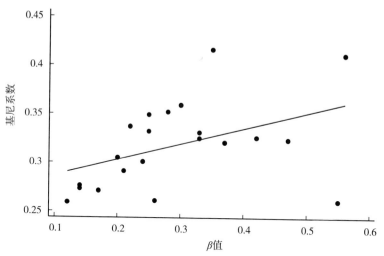

图 6.7　β 值与基尼系数的相关性图（PIAAC 数据库的全部国家）

注：图中点是 PIAAC 全部国家 β 值和基尼系数的组合点，直线是反映两者相关关系的拟合线。
资料来源：根据表 6.5 的计算结果与世界银行网站公布的各国基尼系数绘制而成。

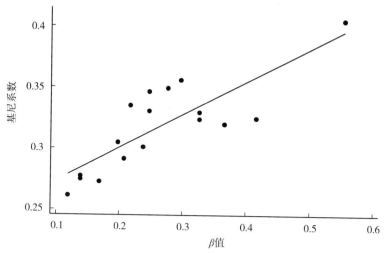

图 6.8　β 值与基尼系数的相关性图（PIAAC 数据库的部分国家）

注：图中点是 PIAAC 部分国家 β 值和基尼系数的组合点，直线是反映两者相关关系的拟合线。
资料来源：根据表 6.5 的计算结果与世界银行网站公布的各国基尼系数绘制而成。

3. β 值的分解

接下来，我们进行本项实证研究的第二步；即把父母教育和子女收入的关联性（β）进行分解。根据图6.6，我们可以看出父母教育与子女收入之间的关联性能够分解为两个部分：通过教育代际流动解释的部分（用实线来表示）和不通过教育代际流动解释的部分（用虚线来表示）。根据学者格雷格等（Gregg et al. ，2013）的研究，我们把代际传递弹性（β）分解为下面的两个部分：

$$\log Y_i^{child} = \alpha + \delta \times E_i^{parent} + \gamma \times E_i^{child} + \phi \times C_{ij} + \varepsilon_{ij} \qquad (6.9)$$

$$E_i^{child} = \alpha' + \lambda \times E_i^{parent} + \phi' \times C_{ij}' + \varepsilon_{ij}' \qquad (6.10)$$

$$\beta = \gamma \times \lambda + \delta \qquad (6.11)$$

公式（6.11）是基于公式（6.9）和公式（6.10）得到的。其中，β 代表代际传递弹性，γ 代表教育的回报率，λ 代表父母教育与子女教育的相似程度（或教育代际流动程度）。教育代际相似程度与教育回报率的交叉项（$\lambda \times \gamma$）代表父母教育对子女收入的影响效应中，通过教育代际流动所能解释的部分，δ 代表不能通过教育代际流动解释的部分。下面我们分别对参数 λ、γ、和 δ 进行说明。

（1）λ 的说明。λ 代表父母教育（E_i^{parent}）与子女教育（E_i^{child}）的相关性（或相似性），也就是教育代际流动性。前文我们通过理论和实证分析了 λ 的存在性，并分析了 λ 存在的原因。通过图6.6，父母教育与子女教育主要通过三条途径发生关联性：一是基因的代际间传递（heredity）；二是孩子培养过程中的非经济投入，例如，陪孩子写作业、给孩子讲故事等（nonfinancial resources）；三是孩子培养过程中的经济投入，例如，供孩子读书、参加辅导班等（financial resources）。

（2）γ 的说明。父母教育对子女收入的影响还依赖于教育的收益率，本章用 γ 表示教育的收益率（或回报率）。例如，在教育的代际流动程度不变的情况下，教育的回报率越低，那么父母教育对子女收入的影响程度越小。根据前面的分析，我们定义教育代际相似效应[①]，该效应的计算公式为：

$$教育代际相似效应 = \lambda \times \gamma$$

[①] 为了便于理解，本章把"$\lambda \times \gamma$"称为教育代际相似效应。λ 越大，父母教育与子女教育的相似性越高，教育代际流动程度越弱，而教育代际相似效应越强。

（3）δ 的说明。父母的教育除了通过教育的代际流动性来影响子女的收入外，还会通过其他途径影响子女的收入，我们称之为"残差效应"，用符号 δ 来表示。这里主要有三种途径：一是经济地位的优势。高学历家庭的子女拥有雄厚的家庭经济资源，从而有更多的时间、机会和金钱去寻找适合自己的工作岗位，赚得更高的收入。二是社会资源的优势。例如，受过良好教育的父母可能会利用他们的人脉以确保他们的后代有报酬丰厚的工作（Coleman，1990），而低学历的父母可能无法为他们的后代提供相同的工作机会（即使他们的后代同样具有相同的工作能力）。① 三是遗传因素。例如，拥有美貌的父母会把这种优势遗传给子女，并使他们在劳动力市场上具有竞争力，从而有利于获得报酬优越的工作机会（Hamermesh and Biddle，2001）。② 另外，残差效应还包括与自身学习能力不相关的人格、口才、阅读情绪的能力及其他非认知性的技能（Jackson，2006）。③

4. 分解的结果

如前文所述，父母教育与子女收入的关联性（β 值）可以分解为两个部分：通过教育代际流动解释的部分（称教育代际相似效应）和通过其他途径解释的部分（称残差效应）。表 6.6 对经济合作与发展组织成员国中父母教育与子女收入的关联性（β）进行了分解。通过对表 6.6 的分析，我们可以看到在大部分国家里面，教育代际相似效应要大于残差效应；但在有些国家里面，情况恰好相反。例如，俄罗斯的前者仅为 0.08，而后者为 0.27。比较表 6.6 与前面的表 6.5，我国能够得到以下结论：第一，β 值比较高的国家，教育代际相似效应通常也比较高。例如，美国的 β 值最高（为 0.56），同样美国的教育代际相似效应也最高（为 0.44）；波兰的 β 值为 0.47，而其教育代际相似效应也比较高（为 0.38），仅仅低于美国。在这些国家里，父母教育主要通过教育代际相似效应而对子女收入产生影响。

① Coleman, James. Foundations of Social Theory [M]. Cambridge: Belknap Press of Harvard University Press, 1990.

② Hammermesh, Daniel. Beauty and the Labor Market [J]. American Economic Review, 2001, 84 (5): 1174 – 1994.

③ Jackson, Michelle. Personality Traits and Occupational Attainment [J]. European Sociological Review, 2006, 22 (2): 187 – 199.

教育代际相似效应越高，意味着教育代际流动性越低，所以这些国家具有较低的教育代际流动性。第二，β 值比较低的国家，教育代际相似效应也比较低，意味着这些国家的教育代际流动性相对较高。为了使研究结论更加具有现实意义，我们继续分析教育代际相似效应及残差效应与收入差距的关联性。

表 6.6   **β 值的分解：教育代际相似效应和残差效应**

国家	教育代际相似效应		残差效应	
	数值（$\gamma \times \lambda$）	标准差	数值（δ）	标准差
美国	0.44	0.05	0.12	0.08
斯洛伐克	0.35	0.07	0.21	0.33
波兰	0.38	0.05	0.1	0.1
英国	0.22	0.04	0.21	0.07
俄罗斯	0.08	0.11	0.27	0.14
法国	0.23	0.03	0.11	0.04
韩国	0.19	0.02	0.14	0.05
爱尔兰	0.3	0.04	0.04	0.06
西班牙	0.27	0.03	0.04	0.14
意大利	0.21	0.07	0.08	0.18
捷克	0.27	0.05	0	0.08
澳大利亚	0.18	0.02	0.07	0.05
爱沙尼亚	0.14	0.02	0.1	0.06
德国	0.28	0.04	−0.03	0.07
加拿大	0.16	0.02	0.06	0.04
丹麦	0.15	0.02	0.06	0.06
奥地利	0.17	0.04	0.03	0.08
芬兰	0.13	0.02	0.04	0.05
瑞典	0.09	0.01	0.05	0.04

续表

国家	教育代际相似效应		残差效应	
	数值（$\gamma \times \lambda$）	标准差	数值（δ）	标准差
新西兰	0.15	0.03	0	0.05
比利时	0.2	0.02	−0.05	0.05
挪威	0.17	0.03	−0.05	0.06
日本	0.17	0.03	0.2	0.06

注：标准差指的是参数估计过程中返回的数值。
资料来源：根据 PIAAC 数据库计算整理而得。

图 6.9 与图 6.10 是教育代际相似效应与残差效应分别与基尼系数的相关关系图。从趋势上看，二者均呈现出了"正向"相关关系；并且残差效应的斜率要更大一些。对于收入比较平等的国家而言，教育代际相似效应和残差效应都比较小。这也意味着收入平等国家具有较高的教育代际流动性，同样父母的人脉资源和经济资源对子女收入的影响程度相对较小；反之，收入差距比较大的国家中，这两种效应都相对比较大，同时具有较低的教育代际流动性，子女收入受父母人脉资源和经济资源的影响较大。

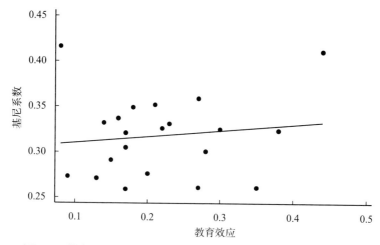

图 6.9　教育代际相似效应与基尼系数的关系（PIAAC 全部国家）
资料来源：根据表 6.6 的计算结果绘制而成。

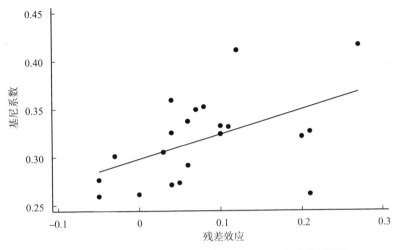

图 6.10 残差效应与基尼系数的关系（PIAAC 全部国家）

资料来源：根据表 6.6 的计算结果绘制而成。

（二）收入代际流动性与收入差距的国外经验分析

表 6.7 和表 6.8 分别是从相关文献和世界银行网站上获得的国际上部分国家和地区的收入代际弹性以及基尼系数。与前面分析不同的是，这次实证分析的样本中不但包括经济合作与发展组织国家，而且包括非经济合作与发展组织国家（像智利、尼泊尔等），因此实证分析的结论更加具有代表性。我们可以看到，不同国家的收入代际弹性存在很大的差异性。在所列举的国家中，收入代际弹性最高的是智利为 0.52，而最低的丹麦仅为 0.12；基尼系数在不同国家中也存在较大的差距，新加坡的基尼系数达到了 0.48，而挪威的基尼系数仅为 0.25。如前面一样，为了更加直观地考察收入代际流动性与收入差距之间的关系，我们绘制两者之间的散点图（见图 6.11）。通过图 6.11 中各个散点的排列趋势和一次拟合曲线的斜率，我们发现两者呈现出正向相关关系。收入代际弹性较高的国家往往伴随着更大的收入不平等；反之，收入不平等要小一些。由于收入代际流动性与收入代际弹性的关系是反方向的，所以收入代际流动性与基尼系数呈现"反向"关系，即收入越不平等的国家，收入代际流动性越小；而收入相对平等的国家，收入代际流动性越大。虽然我们只选取了国际上的部分国家和地区，并非世界上所有的国家或地区，但是样本中既包括了发达国家，也

包括了发展中国家，所以本项实证分析也能够在一定程度上说明了"盖茨比曲线"的存在性。

表6.7　　　　　　　　国际上部分国家的收入代际弹性汇总

国家	Blanden（2011）	Nunez & Miranda（2010）	Corak（2006）	Solon（2002）	Lefranc et al.（2008）	Irene Ng（2007）	Jantti et al.（2006）	平均值
美国	0.41	0.45~0.53	0.47	—	—	—	0.52	0.48
英国	0.37	0.39~0.59	0.5	0.42~0.57	—	—	0.31	0.45
法国	0.32	—	0.41	—	0.47	—	—	0.40
德国	0.24	0.34	0.32	0.11~0.34	—	—	—	0.27
意大利	0.33	0.48	—	—	—	—	—	0.41
加拿大	0.23	—	0.19	0.23	—	—	—	0.22
澳大利亚	0.25	—	—	—	—	—	—	0.25
挪威	0.25	—	0.17	—	—	—	0.16	0.19
瑞典	0.24	0.28	0.27	0.13~0.28	—	—	0.26	0.24
芬兰	0.20	—	0.18	0.13~0.22	—	—	0.17	0.18
丹麦	0.14	—	0.15	—	—	—	0.07	0.12
新加坡	—	—	—	—	0.28	0.58	—	0.43
日本	—	—	—	—	0.22	—	—	0.22
马来西亚	0.54	—	—	0.26	—	—	—	0.40
智利	0.52	—	—	—	—	—	—	0.52
尼泊尔	0.44	—	—	—	—	—	—	0.44
南非	—	—	—	0.44	—	—	—	0.44
巴基斯坦	0.46	—	—	—	—	—	—	0.46

　　注：表中各个国家收入代际弹性的估计值均来源于近期主流国际期刊上的相关文献，这些文献的写作目的是进行收入代际弹性的国际比较。虽然各个国家的样本数量、性质、调查时间各异，但是这些文献分别从样本的选择、数据的处理、计量方法的选用等方面进行了一定的调整，使得各个国家的数据具有一定的可比性，所以得到的收入代际弹性估计值具有很强的比较性。

表 6.8 国际上部分国家的基尼系数汇总表

国家	美国	英国	法国	德国	意大利	加拿大	澳大利亚	挪威	瑞典
基尼系数	0.45	0.34	0.33	0.27	0.32	0.32	0.31	0.25	0.23
国家	芬兰	丹麦	新加坡	日本	马来西亚	智利	尼泊尔	南非	巴基斯坦
基尼系数	0.27	0.29	0.48	0.38	0.44	—	0.47	—	0.31

资料来源：世界银行网站。

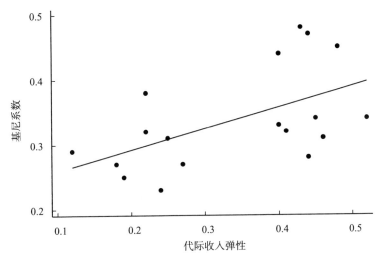

图 6.11 收入代际弹性与基尼系数的关系

注：图中点是部分国家收入代际弹性和基尼系数的组合点，直线是两者相关关系的拟合线。
资料来源：根据表 6.7 与表 6.8 的计算结果绘制而成。

三、收入代际流动与收入差距相关性的总结

前面分别从国内、国际两个角度分析了收入代际流动与收入差距的相关关系，研究得到的结论具有一致性：收入代际流动性越高的国家或地区，其收入差距往往越小；反之，其收入差距往往越大。这个结论在国内 31 个省（区、市）的截面数据中是成立的，同时在国际上部分发达国家和发展中国家中也是成立的。可以说，本节的三个实证研究对于解决收入差距问题提供了一个新的视角。我们可以从"代际流动"这个微观角度来分析收入差距形

成的原因，收入代际流动性过低往往伴随着社会更大程度的不平等，所以从改善收入代际流动性的角度制定措施，会对改善社会的收入不平等状况起到非常重要的作用。

第四节　人力资本代际流动对代际间
收入的 β 收敛的影响

一、收敛模型的简述

收敛假说诞生于 20 世纪 50 年代中期，主要研究国家之间或区域之间经济增长差距的动态变化趋势。在索洛（Solow）的新古典理论出现后，关于收敛的实证研究越来越多；因为新古典增长模型在一系列的假设条件下，认为经济增长最终将趋于稳定状态，这为经济收敛的实证研究找到了理论基础。简单来说，经济收敛是指一个国家的人均产出增长速度与初始水平是负相关的，从而落后地区能够赶超发达地区，最终达到一个均衡状态。根据以往相关的文献，收敛模型通常被分为两种：σ 收敛和 β 收敛。其中，β 收敛又分为绝对 β 收敛和条件 β 收敛，下面分别对这几种收敛模型进行介绍。

（一）β 收敛模型

β 收敛是指初期人均收入水平较低的经济体能够比初期人均收入水平较高的经济体以更快的速度增长。假设第 i 个经济体在第 t 年的人均收入为 y_{it}，则该经济体在第 t 年到第（$t+T$）年间的年平均增长率可以计算为：$\gamma_{it,t+T} = \frac{1}{T}(\ln y_{it} - \ln y_{i,t+T})$。

那么 β 收敛模型的具体形式为：

$$\gamma_{it,t+T} = \alpha - \beta \ln y_{it} + \mu_{it} \tag{6.12}$$

公式（6.12）中，μ_{it} 代表扰动项，我们通常假定 μ_{it} 在不同经济体之间是独立分布的，并且均值等于零。如果参数 β 的估计值大于零，就称这 n 个经济体之间呈现出 β 收敛的特征。如果 β 值越大，说明收敛性越强。另外，β

收敛存在绝对 β 收敛与条件 β 收敛之分；即如果公式（6.12）中 β 值的符号不受是否加入其他相关解释变量的影响，$\gamma_{it,t+T}$ 与 $\ln y_{it}$ 之间均呈现负相关的关系，那么就称为绝对 β 收敛；如果只有在加入其他解释变量之后，$\gamma_{it,t+T}$ 与 $\ln y_{it}$ 之间才呈现负相关的关系，就称为条件 β 收敛。

（二）σ 收敛模型

σ 收敛是指不同经济体间人均收入的离差随着时间的推移而逐渐减小。σ 收敛模型的具体形式为：

$$\sigma_t^2 = \frac{1}{n} \sum (\ln y_{it} - \frac{1}{n} \sum_{i=1}^{n} \ln y_{it})^2 \qquad (6.13)$$

公式（6.13）中，y_{it} 表示第 i 经济体在时间 t 的人均收入，σ_t 为 n 个经济体之间人均收入对数值 $\ln y_{it}$ 的标准差。若在年份 $t+T$ 满足：$\sigma_{t+T} < \sigma_t$，则称这 n 个经济体具有 T 阶段的 σ 收敛。如果对任意年份 $s < t$，均有 $\sigma_s < \sigma_t$，则称这 n 个经济体具有一致 σ 收敛。

（三）代际间收入的 β 收敛模型

本章将收敛模型应用到"代际"层面，来研究不同家庭父代、子代收入相对差距的动态变化问题。根据前文经济增长收敛模型的描述，我们也可以来定义代际间收入的 β 收敛模型。如果把子代的收入记为 y_{it}，这里的 i 代表家庭，t 的含义是"代"而非年份，那么第 i 个家庭的父代收入就记为 $y_{i,t-1}$，于是相对于父代的收入，子代的收入增长率为 $\gamma_{it} = \ln y_{it} - \ln y_{i,t-1}$。这样"代际"层面上的 β 收敛模型可以定义为：$\gamma_{it} = \alpha - \beta \ln y_{i,t-1} + \varepsilon_{it}$。同样，如果在 β 收敛模型的右边加入其他解释变量，这时的模型又称为条件 β 收敛模型，这时的参数 β 意味着在其他条件（如子代年龄、性别、教育等因素）不变的情况下，子代收入的增长率（相对于父代收入）与父代的收入之间的关系。

下文将借鉴 β 收敛模型，从"代际"角度来构建代际间收入的 β 收敛模型，目的在于研究人力资本代际流动是否会影响代际间收入的 β 收敛性，也就是研究其对代际间收入差距动态变化的影响。下面先从构建家庭代际间收入的 β 收敛模型入手，并分别对农村家庭、城市家庭以及混合样本进行实证研究。

二、实证研究模型的构建

前文介绍了收敛的定义、分类以及模型的一般形式。结合收敛模型的一般形式，本章构建的代际间收入的 β 收敛模型的具体形式为：

$$\ln Y_{i,t} - \ln Y_{i,t-1} = \alpha - \beta \ln Y_{i,t-1} + \theta_1 \ln age_{i,t} + \theta_2 q \ln age_{i,t}$$
$$+ \theta_3 \ln age_{i,t-1} + \theta_2 q \ln age_{i,t-1} + \varepsilon_i \qquad (6.14)$$

其中，$Y_{i,t}$ 代表第 i 个家庭子女的收入水平，$Y_{i,t-1}$ 代表第 i 个家庭父母的收入水平，$\ln age_{i,t}$ 和 $\ln age_{i,t-1}$ 分别代表子女和父母年龄的自然对数，$q \ln age_{i,t}$ 和 $q \ln age_{i,t-1}$ 代表的是子女和父母年龄自然对数的平方，加入年龄因素的目的是为了控制收入的生命周期性，ε_i 代表的是残差项。

在公式（6.14）的估计结果中，如果 β 值大于零，那么意味着代际间的收入相对差距是缩小的，也就是说与父代的收入差距相比，子代收入差距是缩小的。因为子代收入（相对父代收入）的增长率与父代的收入负相关，即父代的收入越高，子代收入的增长率就越低；反之，就越高。关于人力资本代际流动对代际间的收入相对差距变动的影响，本章的实证研究是这样设计的：首先，在全样本情况下，对公式（6.14）的参数进行估计，重点考察参数 β 的符号，如果 β 的符号为正，则说明模型预测的代际间的收入相对差距是缩小的。其次，将全样本分为两个子样本，分类的依据是父代和子代是否处于相同教育层次。最后，分别对每个子样本进行回归，如果后者（父代和子代没有处于相同教育层次）的参数 β 值更大，说明人力资本代际流动有利于代际间的收入相对差距的缩小。另外，公式（6.14）还可以引入其他影响子代收入的解释变量，如性别（$male$ 是性别虚拟变量）和受教育程度（$cedu$），这样可以增加收敛模型的拟合度。

三、实证回归结果的分析

我们首先在全样本下进行实证研究，表6.9是全样本下的代际间收入的 β 收敛模型估计结果。其中，前两列是全样本下的回归结果，中间两列是父代和子代处于相同教育层次情况下的回归结果，后两列是父代和子代没有处于相同教育层次情况下的回归结果。模型 I 是没有加入其他解释变量的回归结果，模型 II 是加入性别虚拟变量（男性 =1）和子代受教育程度后得到的回归结果。根据回归结果，我们可以得到以下的一些结论。首先，父亲收入（取对数）的估计系数是负值①，这说明子女收入相对于父亲收入的增长率与父亲收入呈现负相关的特征，也就是说代际间的收入相对差距是缩小的。其次，我们对全样本进行分组回归时，发现父代和子代处于相同教育层次的一组，其回归得到的 β 值要小于父代和子代没有处于相同教育层次的一组，也要小于全样本下的 β 值②，这说明在父代和子代处于相同教育层次情况下，不利于代际间的收入相对差距的缩小。因为与其他情况相比，父代和子代处于相同教育层次意味着人力资本的代际弹性值较大，即人力资本的代际流动性较小。所以回归结果也揭示了人力资本的代际流动性越小，越不利于代际间的收入相对差距的缩小。最后，通过回归结果，我们还发现个体的收入与自身的年龄是相关的（lncage 的系数显著），它们之间并非简单的线性关系（qlnfage 的系数也显著），而是呈现出开口向下的"二次抛物线"的形状，这与个体收入在其生命周期内变化趋势的理论分析是一致的。另外，性别（男性 =1）和受教育程度也会影响个人的收入水平，它们与个人收入分别呈正相关关系，这种正向关系比较容易解释，在此不做太多介绍。

表 6. 9 代际间收入的 β 收敛估计结果（全样本）

变量	全样本		相同人力资本的样本		不同人力资本的样本	
	模型 I	模型 II	模型 I	模型 II	模型 I	模型 II
lnfinc	− 0. 598 *** (− 20. 01)	− 0. 688 *** (− 22. 41)	− 0. 527 *** (− 15. 16)	− 0. 644 *** (− 16. 09)	− 0. 668 *** (− 14. 15)	− 0. 718 *** (− 15. 60)
lncage	45. 27 *** (3. 31)	46. 48 *** (3. 62)	43. 91 * (2. 52)	42. 89 * (2. 57)	47. 51 * (2. 18)	50. 41 * (2. 52)
qlncage	− 6. 287 ** (− 3. 17)	− 6. 530 *** (− 3. 50)	− 6. 063 * (− 2. 40)	− 5. 967 * (− 2. 46)	− 6. 692 * (− 2. 12)	− 7. 171 * (− 2. 47)

① β 值等于父亲收入（取对数）估计系数的绝对值。
② 根据 β 收敛模型，β 值越大意味着收敛速度越快；反之，收敛速度越慢。

变量	全样本		相同人力资本的样本		不同人力资本的样本	
	模型 I	模型 II	模型 I	模型 II	模型 I	模型 II
lnfage	32.04 (0.50)	-5.504 (-0.09)	-20.55 (-0.27)	-25.24 (-0.34)	41.67 (0.33)	-9.999 (-0.09)
qlnfage	-4.113 (-0.52)	0.641 (0.09)	2.491 (0.26)	3.131 (0.35)	-5.553 (-0.36)	1.072 (0.07)
cgender (male = 1)		1.257*** (8.55)		1.281*** (6.57)		1.202*** (5.44)
cedu		0.157*** (6.76)		0.135*** (3.77)		0.169*** (5.19)
常数项	-137.0 (-1.15)	-65.55 (-0.58)	-30.71 (-0.22)	-20.86 (-0.15)	-154.3 (-0.63)	-60.12 (-0.27)
R^2	0.295	0.376	0.282	0.335	0.354	0.451
样本量	1118	1117	197	196	922	921

注：① ( ) 内的数值为 t 统计量；② ***、** 和 * 分别代表在 1%、5% 和 10% 水平下显著。

上面分析了全样本情况下的代际间收入的 β 收敛性问题，下面分别对农村样本和城市样本使用相同的方法进行回归，考察代际间收入的 β 收敛性。这样处理是基于三点考虑：一是我国实行二元户籍制度，农村和城市的收入、教育情况存在明显的差异性，而且上文分析了农村和城市的人力资本代际流动性，发现两者之间存在差异性。那么人力资本代际流动对代际间收入的 β 收敛是否也具有差异性，这是考察的一个主要问题。二是通过分成两个子样本，并分别进行相同的回归分析，可以用来检验回归结果的稳健性。如果核心变量的符号不随样本容量和解释变量的多少而发生变化，说明回归结果是稳健的。三是考察其他解释变量（年龄、性别和教育程度）在不同样本下对被解释变量的影响，并且结合我国的现实状况，对回归结果进行解释。

基于农村样本的实证研究结果见表 6.10。与表 6.9 相同的是，变量 lnfinc 的估计系数是小于零的，而且在父代和子代处于相同教育层次的情况下，变量 ln*finc* 的估计系数是增大的[①]，这也说明了人力资本代际流动性越低，就越不利于代际间的收入相对差距的缩小。与表6.9不同的是，年龄因素对收入的影响并不显著，这主要是因为农村人员的收入主要靠农业收入和打工收入。农业收入主要是种植农作物、饲养家禽等赚取的收入，这部分收入与年龄并无太大关系。农村人员大都以临时工的身份进城打工，从事技术相对比较简单的工作，绝大多数农村人员从事对工作经验要求较低的工作，使打工收入与工龄的关系并不密切，而主要和工作强度以及工作时间相关。因此，提高农民收入的关键是提高农村劳动生产率，其中关键是加快农业科技创新，例如，卢中华（2014）发现农业科技创新的关键是培养、优化配置农业科技创新人力资源、物资资源等。[②] 此外，教育对收入的影响也不显著。一方面，因为农村人员的教育水平普遍比较低，大部分是小学和初中毕业，从数据的处理技术来讲，导致回归结果并不显著；另一方面，是因为教育对农村人员的工作效率并无明显的促进作用，农村人员从事的工作大多是耗费体力的，所以受教育程度的高低对工作效率的影响较小。

表6.10　　　　　　　　代际间收入的 β 收敛估计结果（农村样本）

变量	全样本		相同人力资本的样本		不同人力资本的样本	
	模型 I	模型 II	模型 I	模型 II	模型 I	模型 II
ln*finc*	−0.641 *** (−15.90)	−0.629 *** (−16.39)	−0.571 *** (−12.41)	−0.528 *** (−12.47)	−0.744 *** (−9.93)	−0.696 *** (−10.18)
ln*cage*	13.21 (0.68)	20.94 (1.14)	10.47 (0.46)	14.24 (0.66)	20.34 (0.53)	30.17 (0.87)
*q*ln*cage*	−1.671 (−0.60)	−2.878 (−1.09)	−1.371 (−0.42)	−2.000 (−0.64)	−2.442 (−0.44)	−3.986 (−0.80)
ln*fage*	−96.74 (−1.12)	−115.4 (−1.42)	−140.4 (−1.47)	−149.0 (−1.63)	23.41 (0.11)	−7.119 (−0.04)

① 变量 ln*finc* 的估计系数增大意味着 β 值减小，因为 β 值等于变量 ln*finc* 估计系数的相反数。

② 卢中华. 国家农业科技创新系统研究［M］. 西安：西安交通大学出版社，2014：199 - 202.

变量	全样本		相同人力资本的样本		不同人力资本的样本	
	模型 I	模型 II	模型 I	模型 II	模型 I	模型 II
$qlnfage$	12.18 (1.14)	14.50 (1.44)	17.82 (1.51)	18.86 (1.67)	−3.220 (−0.12)	0.695 (0.03)
$cgender$ ($male=1$)		1.428 *** (6.63)		1.347 *** (5.11)		1.457 *** (3.88)
$cedu$		0.0415 (1.08)		−0.0446 (−0.79)		0.116 * (2.03)
常数项	172.5 (1.08)	197.1 (1.30)	262.1 (1.48)	274.2 (1.62)	−75.77 (−0.18)	−33.78 (−0.09)
R^2	0.447	0.551	0.441	0.489	0.482	0.580
样本量	422	422	67	67	355	355

注：① （ ）内的数值为 t 统计量；② *** 、** 和 * 分别代表在 1%、5% 和 10% 水平下显著。

最后，表 6.11 反映的是在城市样本下，人力资本代际流动对代际间收入的 β 收敛性影响。与前面的两种情况一样，表 6.11 也说明了人力资本代际流动性越低，就越不利于代际间的收入相对差距的缩小。在所有的三个样本中，得到的结论是一致的，说明了回归结论具有稳健性。与农村样本不同的是，年龄因素和教育因素对收入的影响都是显著的。与农村人员不同，城市人员主要从事脑力劳动，教育程度的高低对工作效率有显著影响，往往受教育程度越高的个体，从事的工作越具有排他性，也就是说这种工作对教育水平有一定的"门槛"要求，受教育程度相对较低的农村人员很难获得这样的工作。通常来说，这种对教育水平要求越高的工作，其工资水平会越高。另外，城市人员通常从事更正式和稳定的工作，一部分是国家正式工作人员，另一部分是合同工，而非临工，并且工作对技术、经验、熟练程度的要求更高，年龄大的人员更有工作经验，赚得的收入也越高。在表 6.9 至表 6.11 的三个回归表格中，性别因素都对收入有显著性的影响。具体而言，男性的收入要比女性更高，原因简单而不再解释。

表 6.11 代际间收入的 β 收敛估计结果（城市样本）

变量	全样本		相同人力资本的样本		不同人力资本的样本	
	模型 I	模型 II	模型 I	模型 II	模型 I	模型 II
ln*finc*	−0.587*** (−13.77)	−0.727*** (−15.49)	−0.564*** (−9.75)	−0.688*** (−10.88)	−0.703*** (−11.08)	−0.728*** (−11.47)
ln*cage*	61.14*** (3.35)	58.07*** (3.36)	60.03* (2.45)	52.31* (2.23)	66.68* (2.55)	66.22** (2.66)
*q*ln*cage*	−8.591** (−3.23)	−8.195** (−3.26)	−8.296* (−2.33)	−7.216* (−2.12)	−9.642* (−2.53)	−9.614** (−2.66)
ln*fage*	126.4 (1.46)	77.22 (0.94)	81.45 (0.74)	82.07 (0.78)	43.64 (0.29)	1.955 (0.01)
*q*ln*fage*	−15.96 (−1.49)	−9.724 (−0.96)	−10.42 (−0.76)	−10.39 (−0.80)	−5.784 (−0.31)	−0.403 (−0.02)
cgender (*male* = 1)		1.193*** (6.11)		1.290*** (4.78)		1.081*** (3.92)
cedu		0.198*** (5.75)		0.224*** (4.04)		0.157** (3.28)
常数项	−351.5* (−2.14)	−250.7 (−1.61)	−260.4 (−1.26)	−251.4 (−1.27)	−188.8 (−0.64)	−109.3 (−0.39)
R^2	0.245	0.318	0.219	0.276	0.345	0.397
样本量	696	695	130	129	567	566

注：①（ ）内的数值为 t 统计量；②***、** 和 * 分别代表在 1%、5% 和 10% 水平下显著。

第五节 本 章 小 结

本章从代际流动性的角度来分析我国居民的收入差距问题。通过实证研究发现，人力资本代际流动与收入代际流动具有相关关系。具体表现为：人力资本代际流动性越低，收入的代际流动性就越弱；反之，收入的代际流动性就越强。这一实证结论在农村家庭样本、城市家庭样本和全样本中都是成立的。也就是说，人力资本代际流动与收入代际流动的"正向"相关关系是稳健的。接着本章又对收入代际流动性与收入差距的相关性进行了实证研究。由于数据的限制，本章使用 CGSS（2006）数据库分别计算了我国部分省份的收入代际弹性，个别省份因为样本量太少而无法准确计算收入代际弹性，并同时计算了相关省份的基尼系数。通过对代际收入弹性和基尼系数的散点图及拟合曲线，可以看出两者具有相关关系，收入代际弹性越高的省份，基尼系数就越高。本章还整理了研究国际上代表性国家和地区收入代际弹性的文献，依据可比较的计算方法，汇总了这些国家和地区的收入代际弹性，并将其与基尼系数的相关性进行分析，发现二者也是呈现出"正向"相关关系。各个国家和地区的收入由于统计口径和价格因素而缺乏可比性，本章考虑使用父母的教育程度来反映收入水平，并利用 PIACC 数据库对所调查国家的代际弹性进行估计，同样也对估计值和基尼系数进行相关性分析，结论与前面具有一致性，即呈现"正向"相关关系。然后本章把代际弹性进行了分解：通过教育代际流动解释的部分（称"教育代际相似效应"）和不通过教育代际流动解释的部分（称"残差效应"）。发现分解的每一部分都与基尼系数呈现"正向"相关关系。

最后，本章借鉴研究经济增长收敛的 β 收敛模型来研究人力资本代际流动对代际间收入的 β 收敛的影响。在人力资本代际流动程度较低的样本中，β 值要更小，说明人力资本代际流动性越低，越不利于代际间的收入相对差距的缩小。同样，该结论在农村家庭样本、城市家庭样本和总样本中都是一致的。由于代际间的收入相对差距的变化会影响截面收入差距的变化，所以这项实证研究在一定程度上反映了人力资本代际流动与收入差距的负向相关性。

本章的局限性在于没有使用更加严谨的方法对人力资本代际流动性和收入差距之间的相关性进行研究。一是因为数据的局限性，没有合适的数据库来支撑这样的研究；二是现有数据库的质量也难以支撑这样的研究；三是收敛模型只是在一定程度上揭示了人力资本代际流动对代际间的收入相对差距变动的影响，直接研究人力资本代际流动和截面收入差距的相关性还需要更科学的数据库、更科学的实证研究模型和估计方法。

第七章

政策建议

通过前面的实证研究，我国人力资本代际弹性在近年呈现不断增强的趋势。这种状况说明人力资本代际流动在减弱，容易造成"人力资本阶层"的固化，不利于激发人们对人力资本投资的积极性，也会在一定程度上加剧收入差距的程度。而且会减弱社会活力，不利于我国充分发挥人力资本强国的优势，也不利于我国的结构转型和产业升级。因此，改善人力资本代际流动状况刻不容缓。根据本书的实证研究结论，提出以下几点建议。

第一节　多措并举提高教育公平程度

教育公平对于改善人力资本代际流动状况具有重要的意义。如果教育公平性出现丧失，人们受教育的机会、过程和结果主要取决于家庭背景，那么就极大地阻碍了人力资本代际流动，也使低收入家庭难以实现向上流动。本书认为，可以从以下三个方面来促进教育公平。

一、政府要进一步加大公共教育支出

政府要在总量上进一步加大公共教育支出，来减轻家庭收入对子女教育的影响。相对于世界主要国家，我国教育投入中的公共教育支出明显不足，甚至低于世界一些发展中国家。虽然我国财政性教育经费支出占 GDP 比例在 2012 年达到了国际标准（4%），但据世界银行的相关统计，美国、英国、澳

大利亚和日本等高收入国家，公共教育支出占 GDP 比重的均值早在 2001 年就已达到 4.8%，连哥伦比亚、古巴等中低收入国家的公共教育支出占 GDP 比重的均值也达到了 5.6%。厉以宁（2013）强调，我国公共教育支出占 GDP 比例只有达到 4.07% ~ 4.25%，才能实现教育的良性发展。我国公共教育支出的不足导致长期以来家庭教育支出的比重较高，家庭收入对子女教育的影响较大，从而不利于不同家庭子女教育的均衡增长，不利于教育的代际流动。因此，政府要继续加大公共教育支出，减轻家庭教育支出的负担，使低收入家庭子女尽可能与高收入家庭子女接受相同的教育，从而减弱家庭收入对子女受教育的影响，改善教育的代际流动状况。

二、优化公共教育资源的城乡配置

我国存在较为严重的城乡教育资源配置不均衡问题。合理配置教育资源，促进代际人力资本的合理流动，我们必须要缩小城乡教育资源的差距。首先，加大广大农村地区的教育投资力度，改变以往教育发展中的"重城轻乡"观念；既要改善农村地区中小学的基础设施和办学条件，让广大农村孩子也像城里孩子一样享有现代化的教学设施，也要鼓励优秀教学人才积极到农村教学，提高教育资源配置在软件上的差距。对于农村小学中年龄较大的教师，要积极做好先进教学技能、教学理念的培训工作，使他们能够把过去的教学经验和现代化的教学手段完美地结合起来。其次，继续大力发展基础教育和义务教育，努力提高高中、大学教育的普及率。在这方面，国家要完善统一的招考制度，减弱招考政策在地区间的差异性。学校的招生要做到充分考虑农村、城市的学生比例，这样可以提高代际间教育的流动性。最后，无论是城乡教育基础设施投入还是教师工资待遇，都要建立一套完整的长效机制，而且要保持城乡教师工资待遇的合理比例，让优秀教学人才在农村地区"留得住"和"用得上"。

三、加大公共教育支出中中央财政的负担比例

我国长期以来实行的是中央、省级和基层地方政府的分级公共教育投入

体系，基层地方政府是公共教育投入的责任主体，并且各层次政府的教育经
费投入负担比重不同。以 2011 年为例，在全国财政教育经费支出中，中央政
府承担的比重为 9.63%①，公共教育经费支出的重心在地方政府。在这种公
共教育支出体系下，地区教育投入与其经济发展水平密不可分，因此地区间
经济发展的不均衡会导致公共教育投入的不均衡。要保持公共教育支出的均
衡增长，需要加大中央财政对公共教育支出的负担比例，充分发挥中央财政
在公共教育支出中的再分配功能。把公共教育支出的重心逐步由地方政府上
移到中央政府，有利于各地区公共教育投入的均衡性，从而促进教育的代际
流动性。事实上，不少发达国家都经历了教育投入由地方向中央逐步转移的
过程。以义务阶段的教育为例，欧、美、日等国家或地区在实施义务教育的
初期阶段，基层政府负责义务教育的投入。但是，这种义务教育投入体系普
遍加重了地方政府的财政压力，部分贫困地区无力承担义务教育投入，并导
致了教育的不公平。面对这一困境，各国纷纷改革义务教育投入体系，由过
去的分散模式向集中或相对集中模式调整，从而逐步减轻了地方政府的压力。
例如，美国的义务教育投入主体已经由地方学区上移至州，德国和法国均由
市或镇上移至中央，日本亦从市町村上移至中央和督道府县。

第二节　制定针对特殊群体的人力资本投资措施

一、提高低收入家庭的人力资本投资水平

人力资本投资是低收入家庭摆脱贫困的重要途径之一。相关数据显示，
与高收入家庭相比，低收入家庭普遍不愿或者无法让子女接受较高层次的教
育，从而减少了其通过教育改善收入水平的可能性。而对低收入家庭而言，
教育几乎是促进他们实现向上流动的唯一途径。其中，家庭收入水平低下、
教育的机会成本以及未来收益的不确定性都会影响到低收入家庭的人力资本

---

① 根据 2012 年《中国教育经费统计年鉴》的相关数据整理计算而得。

投资意愿和行为。针对这一问题，政府要高度重视贫困地区、贫困人群的扶贫工作，加强对他们或其子女的公共教育投入，有效地消除贫困家庭因人力资本投资不足而导致的持续性贫困。为此，政府要充分消除贫困家庭对人力资本投资成本过高的担心，同时要积极的创造就业机会、维护就业市场的平稳性，稳定人力资本投资的预期。

二、完善农民工子女的健康成长和教育体系

当前我国存在大量的留守儿童，根据全国妇联 2013 年的研究报告估算，全国留守儿童已经达到了 6102. 55 万，占全国儿童总数的21.88％。这部分群体在成长过程中，面临着一系列生活、教育、心理和安全方面的问题。要想解决留守儿童所面临的这些问题，政府要从多个层面入手。一方面，各地政府和教育部门要根据本地的实际情况，合理调整学校的布局，增加寄宿制中心学校的建设，让更多的留守儿童住在学校；另一方面，要建立多种形式的留守儿童保护网络，既要建立以父母、亲属为主体的家庭监护网络，也要建立基层政府为主体的管理网络和学校老师为主体的学校帮扶网络等，着力解决好留守儿童的心理和生活问题。最重要的是把解决留守儿童的问题与城市农民工子女的入学问题有机地结合起来，促进农民工的社会融合，从根本上解决留守儿童问题。

三、提高女性的人力资本存量

本书的实证研究证实母亲人力资本对子女人力资本形成的影响要大于父亲，而且女性人力资本通常要低于男性。在没有接受任何教育的群体中，更高比例的是女性；所以，多举措提高女性的人力资本水平既能提高我国当前的人均人力资本水平，也有利于提高后代的人力资本水平。首先，政府要在社会中引导"性别平等"的观念，使女性与男性享有同样的接受教育的机会和权利。尤其在农村地区，女孩的辍学问题依然存在，因此政府要把工作重心放在农村，引导广大村民逐渐消除"性别歧视"，保证每一位女孩都能完成义务阶段的教育。其次，消除劳动力市场上工资的"性别差异"，消除女

性在就业机会、培训机会、晋升机会等方面的劣势，提高女性人力资本投资的回报率，从根本上扭转女性人力资本投资意愿和强度都过低的状况。最后，对于特殊家庭（如贫困家庭、单亲家庭和留守家庭）的女孩，要给予特殊的物质关注和心理关注，避免因家庭问题而辍学。此外，要对农村地区的中年女性进行必要的劳动技能培训、农业技术培训和农业经营培训，提高她们的劳动技能和效率，增加家庭收入，也提高她们在家庭和社会中的地位，从而消除性别歧视，营造性别平等的良好氛围。

第三节　深化相关领域的改革

改革是解决我国人力资本代际弹性越来越高和改善人力资本代际流动性的关键。我们要加强义务教育体制改革、户籍制度改革、打破行业垄断和部门差异，完善市场法制建设。

一、取消对不同群体的制度性歧视政策

新中国成立以来，受特殊时期历史背景、各方面因素的综合考虑，我国所实行的一些制度政策（如户籍制度）在当时的社会背景下促进了经济的发展和社会的进步，具有一定的积极意义。但是，随着时代的变迁，这些制度政策越来越成为经济发展和社会进步的羁绊。户籍制度所带来的城乡歧视和地域歧视，使得个人的成就不完全取决于其自身的天赋、才能和所付出的努力，而相当一部分是由出生时就被确定下来的各方面环境所决定。在我国，由于城乡的不平衡和各个区域间经济文化发展程度的不平衡，导致不同地域、不同户口性质的子代在向自己人生成就攀登的道路上面临完全不同的约束条件。通过进一步的深化改革和区域间的协调发展，更合理地解决好户籍、地域所代表的福利制度的巨大差异，对于改善我国人力资本代际流动性和机会公平性具有重要意义。此外，要深化要素市场改革，打破行业的垄断、部门的差异等方面的劳动力市场分割，并为人力资本投资提供更为完善的金融信贷市场环境，这将有利于我国人力资本代际流动的改善。

二、完善市场法制建设

在我国，社会主义市场经济体制虽然已经建立，但是还不完善，需要配套完善相关的市场法制建设。市场经济体制是公平、有序竞争的体制，要杜绝一些优势阶层利用裙带关系为子女上名牌大学而使用的非法行为，减少权力的"寻租"行为。这不仅仅是提高经济效率和改善代际流动性的要求，也是消除腐败、实现社会和谐发展的内在要求。

| 第八章 |

结论与研究展望

第一节　研　究　结　论

国内对人力资本代际流动的研究尚未成熟，包括我国人力资本代际流动的测算、趋势性、群体差异性、内在机制以及收入效应分析等。本书使用理论研究和实证研究相结合的方式，对以上研究中尚未成熟的问题进行了系统性的分析，得到以下一些结论。

一、构建人力资本代际流动的理论分析框架

本书研究以微观经济学理论为基础，重新诠释了"理性经济人"的假定，认为经济活动中的人，所追求的利益绝非狭隘的金钱利益，而是根据自己价值观念所定义的利益，来追求效用最大化；而效用来源既可以是商品和劳务，也可以是尊严、声望等非货币因素。在该假定条件下，以父母效用函数最大化为前提，构建了理论模型，来解释父母对子女的最优人力资本投资决策。并且结合我国的历史、文化和政策背景，分析了父母对子女进行人力资本投资的动机，既有"利他"的一面，也有"利己"的一面。另外，本书从理论角度分析了人力资本代际流动与收入代际流动具有内在一致性，以及代际流动与收入差距的相关性。

167

二、我国人力资本代际流动程度的整体趋势及群体差异

本书的实证研究表明，我国人力资本代际流动程度在近年来呈现不断减弱的趋势，而且结论具有稳健性。这种趋势性应该引起我们的关注，因为这意味着人力资本代际相似性的程度在增强，不利于人力资本在不同人群中的均衡增长，从而产生一系列的经济和社会问题。此外，我国人力资本代际流动程度在城乡、民族和性别中存在差异性，这种现象背后隐藏的是我国的户籍制度、教育观念和性别观念上的缺陷性。与国际上部分国家相比，我国人力资本代际流动程度并不算太低，这也说明了我国所实行的一系列教育改革政策是成功的，但是也不能忽略人力资本代际流动程度不断减弱的现实。

三、我国人力资本代际流动的途径、动机与影响因素

本书分析了父母人力资本主要通过直接途径（如健康、智力的遗传）和间接途径（媒介主要有收入、时间和生育率）而与子女的人力资本发生联系，并对子代人力资本形成的影响因素进行了实证分析。结合我国经济、社会和文化背景，分析了父母早期对未成年子女人力资本投资的行为，发现同时具有利他动机和交换动机，同时基于CHARLS（2015）的实证研究结果也表明我国父母晚年接受成年子女经济帮助的行为中隐含着交换动机，并结合国内一些学者，例如，费孝通（1985）、王跃生（2008）等关于我国家庭亲子关系的理论分析，得出我国父母对子女进行人力资本投资出于利人利己的互利动机。本书还分析了影响人力资本代际流动的因素，包括父母受教育层次、年龄、是否为党员以及孩子的年龄、性别、户口、民族等因素。

四、我国人力资本代际流动的收入效应

本书基于CGSS（2006）的实证研究表明，人力资本代际流动通过收入代际流动与收入差距发生联系。人力资本代际流动程度越低，导致收入代际流动性越弱。而根据国内截面数据的分析和国际上代表性国家的横截面数据

分析，收入代际流动与收入差距是反方向变动的，这也说明"盖茨比曲线"存在的合理性。最后，借鉴研究地区间经济增长差距变化趋势的收敛模型，来分析与父代的收入差距相比，子代收入差距如何变化，并且主要研究人力资本代际流动在其中所发挥的作用。结论都表明，人力资本代际流动程度越小，越不利于收入差距的缩小。

第二节　研究展望

本书虽然通过理论和实证分析得到了一些具有一定现实意义的研究结论，但是由于客观条件（特别是数据来源）的限制，文中尚有部分内容可以做更深入一步的分析。

第一，本书使用平均受教育年限作为人力资本的替代指标，而人力资本不仅包括教育，而且包括健康、工作经验、工作技能和迁移等多种因素，所以仅用教育来度量人力资本并不完整。如果设定一个综合性的指标，既简单又能够准确度量人力资本，然后再以这个设定的综合指标来进行实证研究，会使研究结论更加具有现实意义性。

第二，在个体人力资本形成过程中，遗传也是一个重要的因素。那么遗传究竟发挥什么样的作用，对个体人力资本形成的影响程度有多大，这也是进一步需要深入研究的方向。目前由于受到数据来源的限制，使得与遗传相关的实证研究较难进行下去。

第三，同样受到数据来源的限制，本书把父母对子女的人力资本投资局限为教育投资，而且进一步局限为金钱投资。而实际上，父母对子女的人力资本投资不仅有金钱投资，而且还有时间和精力投资。如果在实证研究中能够把时间和精力方面的投资也包括在内，那么得到的实证结论更加具有说服力。

第四，代际流动性（包括人力资本代际流动性、收入代际流动性等）与截面收入差距的关系比较复杂，虽然本书使用国内省级截面数据与国际截面数据对收入代际流动性与收入差距的相关性进行了计量分析，但是对于二者更加确切的关系，还需要更复杂的计量分析方法与更进一步的微观数据库才能梳理清楚。

参考文献

［1］贝克尔. 人力资本［M］. 梁小民，译. 北京：北京大学出版社，1987.

［2］陈昌兵. 收入不均等影响人力资本积累机制及实证分析［J］. 南开经济研究，2008（4）：33－46.

［3］陈昌兵. 收入分配影响经济增长的内在机制［J］. 当代经济科学，2008（6）：15－23.

［4］陈工，陈伟明. 收入不平等、人力资本积累和经济增长——来自中国的证据［J］. 财贸经济，2011（2）：12－18.

［5］陈皆明. 投资与赡养——关于城市居民代际交换的因果分析［J］. 中国人口科学，1998（3）：131－147.

［6］陈琳. 中国代际收入流动性的实证研究：经济机制与公共政策［D］. 上海：复旦大学，2001.

［7］陈树文. 企业内知识转移促进人力资本积累的博弈分析［J］. 科技进步与对策，2011（18）：136－142.

［8］池丽萍，俞国良. 教育成就代际传递的机制：资本和沟通的视角［J］. 教育研究，2011（9）：23－27.

［9］崔东值. 城乡高中学生家庭背景与大学专业选择意向关系个案研究［D］. 吉林：东北师范大学，2012.

［10］崔荃. 家庭背景、教育资源配置与收入分配差距［D］. 上海：复旦大学，2010.

[11] 杜瑞军.从高等教育入学机会的分配标准透视教育公平问题——对新中国 50 年普通高校招生政策的历史回顾 [J].高等教育研究,2007 (4):29 – 35.

[12] 费孝通.家庭结构变动中的老年赡养问题——再论中国家庭结构的变动 [M].北京:人民出版社,1985.

[13] 高光,张民选.经济合作与发展组织的三大国际教育测试研究 [J].比较教育研究,2011 (10):28 – 33.

[14] 郭从斌,闵维方.教育:创设合理的代际流动机制——结构方程模型在教育与代际流动关系研究中的应用 [J].教育研究,2009 (10):5 – 12.

[15] 郭从斌,闵维方.中国城镇居民教育与收入代际流动的关系研究 [J].教育研究,2007 (5):3 – 14.

[16] 郭丛斌,闵维方.家庭经济和文化资本对子女教育机会获得的影响 [J].高等教育研究,2006 (11):24 – 31.

[17] 郭于华.代际关系中的公平逻辑及其变迁——对河北农村养老事件的分析 [J].中国学术,2001 (4):14 – 18.

[18] 郭于华.代际关系中的公平逻辑及其变迁——对河北农村养老事件的分析 [J].中国学术,2001 (4):14 – 18.

[19] 郭豫媚,陈彦斌.收入差距代际固化的破解:透视几种手段 [J].改革,2015 (9):41 – 53.

[20] 韩军辉,龙志和.基于多重计量偏误的农村代际收入流动分位回归研究 [J].中国人口科学,2011 (5):26 – 35.

[21] 何石军,黄桂田.中国社会的代际收入流动性趋势 [J].金融研究,2013 (2):19 – 32.

[22] 何伟.国外创意产业发展机制研究及启示 [J].商业时代,2012 (7):118 – 119.

[23] 胡伟华.蒙汉女性人力资本代际传递比较研究 [D].西安:陕西师范大学,2014.

[24] 胡伟华.人力资本代际转移研究进展 [J].经济学动态,2013 (6):142 – 151.

[25] 胡艳君.长三角地区经济差异的收敛性分析 [J].统计与决策,

2011（3）：127 – 130.

[26] 黄乾，李修彪. 我国省域人力资本的收敛性分析——基于三种测算方法的比较 [J]. 人口与经济，2015（4）：94 – 107.

[27] 黄振华，万丹. 农民的城镇定居意愿及其特征分析——基于全国30 个省 267 个村 4980 位农民的调查 [J]. 经济学家，2013（2）：86 – 92.

[28] 焦开山. 中国老年人的居住方式与其婚姻状况的关系分析 [J]. 人口学刊，2013（1）：78 – 87.

[29] 李春玲. 教育地位获得的性别差异——家庭背景对男性和女性教育地位获得的影响 [J]. 妇女研究论丛，2009（1）：14 – 19.

[30] 李春玲. 社会变迁与教育机会分配 [J]. 中国社会科学，2003（3）：86 – 98，207.

[31] 李春玲. 社会政治变迁与教育机会不平等——家庭背景及制度因素对教育获得的影响（1940 – 2001）[J]. 中国社会科学，2003（3）：86 – 98.

[32] 李国珍. 村庄家庭养老秩序的变迁研究——湖北某村李氏家族盛衰变迁为例 [J]. 南方人口，2013（6）：26 – 35.

[33] 李海峥等. 中国人力资本报告 2013 [EB/OL]. [2014 – 12 – 20]. http：//humancapital. c – ufe. edu. cn/plus/list. php？tid = 120.

[34] 李全生，解志恒. 基于基尼系数对我国教育公平性的研究 [J]. 国家教育行政学院院报，2008（10）：60 – 63.

[35] 李实，罗楚亮. 中国收入差距的实证分析 [M]. 北京：社会科学文献出版社，2014.

[36] 李晓纯. 教育、人力资本、经济增长——理论阐释和实证检验 [D]. 长春：吉林大学，2009.

[37] 李中华. 影响人力资本投资的因素分析 [J]. 学术交流，2003（7）：83 – 85.

[38] 林莞娟，张戈. 教育的代际流动——来自中国学制改革的证据 [J]. 北京师范大学学报（社会科学版），2015（2）：118 – 130.

[39] 刘兵海，刘丽. 工业化、城镇化与农业现代化互动关系互动关系研究 [J]. 统计与决策，2014（12）：98 – 102.

[40] 刘波，王修华. 我国居民收入差距中的机会不平等——基于 CGSS

数据的实证研究 [J]. 上海经济研究，2015 (8)：77 – 89.

[41] 刘春梅，李录堂. 农村家庭养老主体的角色定位及行为选择 [J]. 农村经济，2013 (10)：66 – 71.

[42] 刘居照，杨文悦. 我国东、中部地区产业转移与经济协调发展问题研究 [J]. 南方金融，2012 (2)：27 – 30.

[43] 刘梦琴. 武汉城市圈经济增长收敛性的实证研究 [J]. 统计与决策，2012 (2)：126 – 130.

[44] 刘泉. 外语能力与收入——来自中国城市劳动力市场的证据 [J]. 南开经济研究，2014 (6)：137 – 154.

[45] 刘志国，范亚静. 教育的代际流动性影响因素分析 [J]. 教育科学，2013 (2)：1 – 5.

[46] 刘志国，范亚静. 教育与居民收入代际流动性的关系研究 [J]. 统计与决策，2014 (12)：101 – 105.

[47] 娄世艳. 中国教育收益率及其影响因素研究 [D]. 天津：南开大学，2009.

[48] 齐亚强，牛建林. 教育的再生产：代际传承与变迁 [J]. 中国人民大学教育学刊，2012 (1)：37 – 55.

[49] 钱雪亚. 人力资本水平——方法与实证 [M]. 北京：商务印书馆，2011.

[50] 钱雪亚. 人力资本水平统计估算 [J]. 统计研究，2012 (8)：75 – 84.

[51] 宋志涛. 市场分割与地区经济收敛关系的实证分析——基于动态面板纠偏最小二乘虚拟变量法的估计 [J]. 统计与信息论坛，2012 (7)：84 – 90.

[52] 孙丽萍. 安徽省农民收入收敛性分析 [J]. 安徽农学通报，2013 (4)：2 – 6.

[53] 孙宁，姚慧琴. 西部地区区域经济增长收敛性分析：1990 – 2008 [J]. 国有经济评论，2010 (9)：95 – 105.

[54] 王德劲，戴丽娜. 试论人力资本的性质和资本范畴的重新界定 [J]. 经济师，2005 (10)：17 – 19.

[55] 王德劲，向蓉美. 我国人力资本存量估算 [J]. 统计与决策，2006

（10）：100 – 102.

[56] 王红玲. 基于人力资本视角的区域经济增长差异研究 [D]. 长沙：湖南大学，2011.

[57] 王美霞，樊秀峰. 中国省会城市生产性服务业全要素生产率增长及收敛性分析 [J]. 当代经济科学，2013（7）：102 – 113.

[58] 王文静. 人力资本对区域经济增长的作用及收敛性研究 [D]. 大连：东北财经大学，2013.

[59] 王跃升. 中国家庭代际关系的理论分析 [J]. 人口研究，2008（4）：13 – 21.

[60] 王跃生. 城乡养老中的家庭代际关系研究——以 2010 年七省区调查数据为基础 [J]. 开放时代，2012（2）：102 – 141.

[61] 魏下海，张建武. 人力资本不平等与全要素生产率增长关系 [J]. 财经科学，2011（1）：66 – 75.

[62] 温娇秀. 我国城乡教育不平等与收入差距扩大的动态研究 [J]. 当代经济科学，2007（9）：40 – 46.

[63] 文东茅. 家庭背景对我国高等教育机会及毕业生就业的影响 [J]. 北京大学教育评论，2005（3）：58 – 63.

[64] 徐瑾劼. PISA 视域下上海职校生素养研究——基于 PISA2012 职校生数学成绩及相关发现 [J]. 比较教育研究，2015（6）：30 – 35.

[65] 许治，邓芹凌. 国家新型城市创新能力的地区差异与收敛效应——基于技术成就指数的研究 [J]. 科学学与科学技术管理，2013（1）：23 – 28.

[66] 薛二勇. 中国的教育有多公平——一项基于国际报告与文献数据的国别统计比较研究 [J]. 教育发展研究，2010（21）：56 – 62.

[67] 闫俊. 论社会养老服务体系建设与养老文化传承 [J]. 社会保障研究，2012（1）：47 – 21.

[68] 杨红艳. 贵州省城乡收入差距与人力资本投资差距的因果效应分析 [J]. 科技和产业，2011（3）：88 – 92.

[69] 杨华，欧阳静. 阶层分化、代际剥削与农村老年人自杀——对近年中部地区农村老年人自杀现象的分析 [J]. 管理世界，2013（5）：47 – 64.

[70] 张长征，郇志坚. 中国教育公平程度实证研究：1978 ~ 2004——基

于教育基尼系数的测算与分析 [J]. 清华大学教育研究, 2006 (4): 10 - 15.

[71] 张帆. 中国物资资本和人力资本估算 [J]. 经济研究, 2000 (8): 65 - 71.

[72] 张凤林. 人力资本理论及其应用研究 [M]. 北京: 商务印书馆, 2006.

[73] 张航空, 姬飞霞. 中国教育公平实证研究——基于教育基尼系数拆解法的分析 [J]. 教育科学, 2013 (12): 1 - 6.

[74] 张洁, 马桂英. 人力资源与区域经济发展的相互制约分析 [J]. 现代商业, 2007 (11): 251 - 252.

[75] 张苏, 曾庆宝. 教育的人力资本代际传递效应述评 [J]. 经济学动态, 2011 (8): 127 - 133.

[76] 张菀洺. 我国教育资源配置分析及政策选择——基于教育基尼系数的测算 [J]. 中国人民大学学报, 2013 (4): 89 - 98.

[77] "中国代际关系研究" 课题组. 中国人的代际关系: 今天的青年人和昨天的青年人 [J]. 人口研究, 1999 (6): 56 - 73.

[78] 钟笑寒. 代际转移机制研究 [J]. 数量经济技术经济研究, 1998 (3): 48 - 50.

[79] 邹薇, 郑浩. 贫困家庭的孩子为什么不读书: 风险、人力资本代际传递和贫困陷阱 [J]. 经济学动态, 2014 (6): 16 - 31.

[80] Acemoglu D, Pischke J S. Changes in the Wage Structure, Family Income, and Chileren's Education [J]. European Economic Review, 2001 (45): 890 - 904.

[81] Agarwal R, Horowitz A W. Are International Remittances Altruism or Insurance? Evidence from Guyana using multiple-migrant households [J]. World Development, 2002, 30 (11): 2033 - 44.

[82] Anderson C A. A Skeptical Note on the Relation of Vertical Mobility to Education [J]. American Jorunal of Sociology, 1961 (66): 560 - 570.

[83] Andrews D, Leigh A. More Inequality, Less Social Mobility [J]. Applied Economics Letters, 2009, 16 (15): 1489 - 1492.

[84] Anger S, Heineck G. Do Smart Parents Raise Smart Children: The In-

tergenerational Transmission of Cognitive Abilities［J］.J Popul Econ, 2010（23）: 1255 – 1282.

［85］ Antman F. Elderly Care and Intrafamily Resource Allocation when Children Migrate［J］. Journal of Human Resources, 2012, 42（2）: 331 – 363.

［86］ Arias O, Yamada G, Tejerina L. Education, Famliy Bacground and Racial Earnings Inequality in Brazil［R］. IADB Working Paper, 2002.

［87］ Barro R J, Sala – I – Martin X. Convergence across Stats and Regions［J］. Brookings Paper on Econ. Activity, 1991（1）: 107 – 182.

［88］ Bauer P C, Riphahn R T. Kindergarten enrolment and the intergenerational transmission of education［R］. IZA Discussion Paper, 2009.

［89］ Bauer P, Riphahn R T. Education and Its Intergenerational Transmission: Country of Origin – Specific Evidence for Natives and Immigrants from Switzerland［J］. Portuguese Economic Journal, 2006, 5（1）: 89 – 110.

［90］ Becker G S. A Treatise on the Family［M］. New York: Harvard University Press, 1991.

［91］ Becker G S, Tomes N. An Equilibrium Theory of the Distribution of Income and Intergenerational Mobiliyt［J］. The Journal of Political Economy, 1979, 86（6）: 1153 – 1189.

［92］ Becker G S, Tomes N. Child Endowments and the Quantity and Quality of Children［J］. Journal of Political Economy, 1976（84）: 143 – 162.

［93］ Becker G S, Tomes N. Huaman Capital and the Rise and Falls of Family［J］. Journal of Labor Economics, 1986, 4（3）: 1 – 39.

［94］ Behrman J R, Rosenzweig M R. Does Increasing Women's Schooling Raise the Schooling of the Next Generation?［J］. The American Economic Review, 2002, 92（1）: 322 – 334.

［95］ Behrman J R, Rosenzweig M R. Does Increasing Women's Schooling Raise the Schooling of the Next Generation?［R］. PIER Working Paper, 2001.

［96］ Behrman J R, Rosenzweig M R. Returns to Birthweight［J］. Review of Economics and Statistics, 2004, 86（2）: 586 – 601.

［97］ Behrman J, Taubman P. Intergenerational Earnings Mobiliyt in the United States: Some Estimates and a Test of Becker's Intergenerational Endowments Model [J]. The Review of Economics and Statestics, 1985, 67 (1): 144 – 151.

[98] Bingley P, Christensen K, Jensen V M. Parental Schooling and Child Development: Learning from Twin Parents [R]. The Danish National Centre for Social Research Working Paper, 2009.

[99] Bjorklund A, Jantti M. Intergenerational Income Mobility in Swenden Compared to the United States [J]. The American Economic Review, 1997, 87 (5): 1009 – 1018.

[100] Black S, Devereux P J. Like Father, Like Son? A Note on the Intergenerational Transmission of IQ Scores [J]. Economic Letters, 2009, 105 (1): 138 – 140.

[101] Black S E, Devereux P J. Why the Apple Doesn't Fall Far: Understanding Intergenerational Transmission of Human Capital [R]. NBER Working Paper, 2003.

[102] B L Wolfe, R H Haveman. The Determinants of Children Attainments: A Review of Methods and Findings [J]. Journal of Economic Literature, 1995, 33 (4): 1829 – 1878.

[103] Boudon R. Education, Opportunity, Social Inequality [M]. New York: Wiley, 1974.

[104] Carneiro P, Meghir C, Parey M. Maternal Education, Home Environment, and the Development of Children and Adolescents [J]. Jorunal of the European Ecomonic Association, 2013, 11 (1): 123 – 160.

[105] Castelló – Climent A, Doménech R. Human Capital Inequality, Life Expectancy and Economic Growth [J]. The Economic Journal, 2008, 118 (4): 653 – 677.

[106] Checchi D, Fiorio C. Intergenerational Persistence in Educational Attainment in Italy [R]. IZA Discussion Paper, 2008.

[107] Chevalier A, Dennyk, McMahon D. A Multi – Country Study of Intergenerational Educational Mobility [M]. London: Edward Elgar, 2009.

[108] Chevalier A. Parental Education and Child's Education: A Natural Ex-

periment [R]. IZA Discussion Paper, 2004.

[109] Chusseau N, Hellier J. Education, Intergenerational Mobility and Inequality [R]. ECINEQ Working Paper, 2012.

[110] Colding B. A Dynamic Analysis of Educational Progression of Children of Emigrants [J]. Labour Economics, 2006, 13 (4): 479 – 492.

[111] Coleman J. Foundations of Social Theory [M]. Cambridge: Belknap Press of Harvard University Press, 1990.

[112] Coleman J S. Social Capital in the Creation of Human Capital [J]. American Journal of Sociology, 1988 (94): 95 – 120.

[113] Coleman J S. Social Capital in the Creation of Human Capital [J]. American Journal of Sociology. 1988, 94 (9): 95 – 120.

[114] Cox D. Motives for Private Income Transfers [J]. The Journal of Political Economy, 1987, 95 (3): 508 – 546.

[115] Currie J, Moretti E. Mother's Education and the Intergenerational Transmission of Human Capital: Evidence from College Openings and Longitudinal Data [R]. NBER Working Paper, 2002.

[116] Dearden L, Machin H. Intergenerational Mobility in Britain [J]. Economic Journal, 1997 (107): 47 – 66.

[117] de la Briere B, Sadoulet E, Lambert S. The Roles of Destination, Gender, Household Composition in Explaining Remittances: An Analysis for the Dominican Sierra [J]. Journal of Development Economics, 2002, 68 (2): 309 – 328.

[118] Djajic S. Assimilation of Immigrants: Implications for Human Capital Accumulation of the Second Generation [J]. Journal of Population Economics, 2003, 16 (1): 831 – 845.

[119] Ebenstein A. The "Missing Girls" of China and the Unintended Consequences of the One Child Policy [J]. Journal of Human Resources, 2010, 45 (1): 87 – 115.

[120] Economist. The Great Gatsby Curve: Don't Worry, Old Sport [EB/OL]. [2013 – 07] http://www. economist. com/blogs/democracyinamerica/2013/07/great – gatsby – curve.

[121] Eide E R, Showalter M H. Factore Affecting the Transmission of Earnings across Generations: A Quintile Regression Approach [J]. The Journal of Human Resources, 1999, 34 (2): 253 – 267.

[122] Erik Grönqvist, Björn Öckert, Jonas Vlachos. The Intergenerational Transmission of Cognitive and Non – Cognitive Abilities [J]. Journal of Human Resources, 2017, 52 (4): 887 – 918.

[123] Farre L, Klein R, Vella F. Does Increasing Parents' Schooling Raise the Schooling of the Next Generetion? Evidence Based on Conditinal Second Moments [R]. IZA Disscussion Paper, 2009.

[124] Galor O, Moav O. From Physical to Human Capital Accumulation: Inequality and the Process of Development [J]. Review of Economic Studies, 2007, 71 (4): 1001 – 1026.

[125] Galor O, Tsiddon D. Technological Progress, Mobility, and Economic Growth [J]. The American Economic Review, 1997, 87 (3): 363 – 382.

[126] Galor O, Tsiddon D. The Distribution of Human Capital and Economic Growth [J]. Journal of Economic Growth, 1997 (2): 93 – 124.

[127] Garip F. An Integrated Analysis of Migration and Remittances: Modeling Migration as A Mechanism for Selection [J]. Population Research and Policy Review, 2012, 31 (5): 393 – 433.

[128] Garner C. Neighbourhood Effects on Educational Attainment [J]. Scoiology of Education, 1991, 64 (4): 251 – 262.

[129] Gong H. Leigh A, Meng X. Intergenerational Income Mobility in Urban China [J]. Review of Income and Wealth, 2012, 58 (3): 481 – 503.

[130] Goode A. Mavromaras K, Zhu R. Family Income and Child Health in China [J]. China Economic Review, 2014 (29): 152 – 165.

[131] Goux D, Maurin E. Close Neighbours Matter: Neighbourhood Effects on Early Performance at School [J]. Economic Journal, 2007 (117): 1 – 24.

[132] Grawe N D. The Extent of Lifecycle Bias in Estimantes of Intergenerational Earnings Persistence [J]. Labour Economics, 2006 (13): 551 – 570.

[133] Gregg P, Jonsson J, Macmillan L, Mood C. Understanding Income

Mobility: The Role of Education for Intergenerational Income Persistence in the US, UK and Sweden [R]. DoQSS Working Paper, 2013.

[134] Guo C, Min W. Research on the Relationship between Education and Intergenerational Income Mobility of Chinese Urban Household [J]. Educational Research, 2007, 19 (6): 3 –14.

[135] Haider S, Solon G. Life – Cycle Variation in the Association between Current and Lifetime Earnings [J]. The American Economic Review, 2006, 96 (4): 1308 –1320.

[136] Hammermesh D S, Biddle J E. Beauty and the Labor Market [J]. American Economic Review, 2001, 84 (5): 1174 –1194.

[137] Haveman R, Wolfe B. The Determinants of Children's Attainments: A Review of Methods and Findings [J]. Journal of Economic Literature, 1995, 33 (4): 1829 –1878.

[138] Hazans M, Trapeznikova I. Ethnic and Parental Effects on Schooling Outcomes Before and During the Transition: Evidence From the Baltic Countries [J]. 2008, 21 (1): 719 –749.

[139] Heineck G, R T Riphahn. Intergenerational Transmission of Educational Attainment in Germany [R]. IZA Discussion Paper, 2007.

[140] Hertz T, et al. The Inheritance of Educational Inequality: International Comparisons and Fifty – Year Trends [J]. The BE Journal of Economic Analysis & Policy, 2008, 7 (2): 1 –46.

[141] Holmlund H, Lindahl M, Plug E. The Causal Effect of Parents' Schooling on Children's Schooling: A Comparison of Estimation Methods [J]. Journal of Economic Literature, 2001, 49 (3): 615 –651.

[142] Isacsson G. Estimates Sample of the Return to Schooling in Sweden from a Large of Twins [J]. Labour Economics, 1999, 6 (4): 471 –489.

[143] Jackson M. Personality Traits and Occupational Attainment [J]. European Sociological Review, 2006, 22 (2): 187 –199.

[144] Jackson M. Why Does Inequality of Educational Oppoutunity Vary Across Countries? [M]. CA: Stanford University Press, 2013.

［145］ Jerrim J, Macmillan L. Income Inequality, Intergenerational Mobility and the Great Gatsby Curve: Is Educaiont the Key? ［J］. Social Forces, 2015 (9): 1 − 29.

［146］ J Núñez, L Miranda. Intergenerational Income and Educational Mobility in Urban Chile ［J］. Estudios De Economia, 2011, 38 (1): 195 − 221.

［147］ Jonathan Guryan, Erik Hurst. Parental Education and Parental Time with Children ［R］. NBER Working Paper, 2008.

［148］ Kao G, Rutherford L T. Does Social Capital Still Matter: Immigrant Minority Disadvantage in School − Specific Social Capital and its Effects on Academic Achievement ［J］. Sociological Perspectives, 2007 (50): 156 − 185.

［149］ Kazianga H. Motives for household private transfers in Burkina Faso ［J］. Journal of Development Economics, 2006, 79 (73): 73 − 117.

［150］ Knight J, Sicular T, Yue X. Educational Inequality in China: The Intergenerational Dimension ［R］. CIBC Working Paper, 2011.

［151］ Kotlikoff L J, Morris J N. How Much Care Do the Aged Receive from Their Children? ［R］. NBER Working Paper, 1987.

［152］ Lam D. Generating Extreme Inequality: Schooling, Earnings, and Intergenerational Transmission of Human Capital in South Africa and Brazil ［R］. Michigan University PSC Research Report, 1999.

［153］ Leibowitz A. Parental Inputs and Children's Achievement ［J］. Journal of Human Resources, 1997, 12 (2): 242 − 251.

［154］ Long J, Ferrie J. The Path to Convergence: Intergenerational Occupational Mobility in Britain and the US in Three Areas ［J］. The Economic Journal, 2007, 117 (3): 61 − 71.

［155］ Lucas R E B, Stark O. Motivations to Remit: Evidence from Botswana ［J］. Journal of Political Economy, 1985, 93 (5): 901 − 918.

［156］ Lucas R E B, Stark O. Motivations to Remit: Evidence from Botswana ［J］. The Journal of Political Economy, 1985, 93 (5): 901 − 918.

［157］ Lucas S. Effectively Maintained Inequality: Education Transitions, Track Mobility and Social Background Effects ［J］. American Journal of Sociology,

2001, 106 (6): 1642 – 1690.

[158] Magnuson K. Maternal Education and Children's Academic Achievement during Middle Childhood [J]. Developmental Psychology, 2007, 43 (6): 1497 – 1512.

[159] Mayer S. The Relationship between Income Inequality and Inequality in Schooling [J]. Theory and Research in Education, 2010, 8 (1): 5 – 20.

[160] Mazumder B. Fortunate Sons: New Estimates of Intergenerational Mobility in the U. S. using Social Security E arning Data [J]. Review of Economics and Statistics, 2005 (87): 235 – 55.

[161] Mcintosh J. Educational Mobility in Canada: Results From the 2001 General Social Survey [J]. Empirical Economics, 2010, 38 (1): 457 – 470.

[162] Mcintosh J, Munk M D. Scholastic Ability vs Family Background in Educational Success: Evidence From Danish Sample Survey Data [J]. Journal of Population Economics, 2007, 20 (2): 101 – 120.

[163] McKenzie D, Rapoport H. Can Migration Reduce Educational Attainment? Evidence from Mexico [J]. Journal of Population Economics, 2011, 24 (1): 1331 – 1358.

[164] Nielsen R, Tarpy D R. Estimating the Effective Paternity Numbdetecter in Social Insects and the Effective Number of Alleles In a Population [J]. Molecular Ecology, 2003 (12): 3157 – 3164.

[165] Nimubona A – D, Vencatachellum D. Intergenerational Education Mobility of Black and White South Africans [J]. Journal of Population Economics, 2007, 20 (1): 149 – 182.

[166] Perotti R. Political Equilibrium, Income Distribution and Growth [J]. Review of Economic Studies, 1993, 60 (4): 755 – 776.

[167] Plug E. Estimating the Effect of Mother's Schooling on Children's Schooling Using a Sample of Adoptees [J]. The American Economic Review, 2004, 94 (1): 358 – 368.

[168] Pronzato C. An Examination of Paternal and Maternal Intergenerational Transmission of Schooling [J]. Journal of Population Economics, 2012, 25 (2):

591 – 608.

[169] Restuccia D, Urrutia C. Intergenerational Persistence of Earnings: The Role of Early and College Education [J]. The American Economic Review, 2004, 94 (5): 1354 – 1378.

[170] Riphahn R T, Schieferdecker F. The Transition to Tertiary Education and Parental Background over Time [J]. Journal of Population Economics, 2012, 25 (1): 635 – 675.

[171] Rouse C. Income, Schooling and Ability Evidence from a New Sample of Identical Twins [R]. NBER Working Paper, 1998.

[172] Royer H. Separated at Girth: US Twin Estimates of the Effects of Birth Weight [J]. American Economic Journal, 2009 (1): 49 – 85.

[173] Sacerdote B. How large are the Effects from Changes in Family Environment? [J]. The Quarterly Journal of Economics, 2007, 122 (1): 119 – 157.

[174] Sacerdote B. The Nature and Nurture of Economic Outcomes [J]. American Economic Review, 2002 (92): 344 – 348.

[175] Sato H, Li S. Class Origin, Family Culture and Intergenerational Correlation of Education in Rural China [R]. IZA Discussion Paper, 2007.

[176] Schluter C, Wahba J. Are Parents Altruistic? Evidence from Mexico [J]. Journal of J Population Economics, 2010 (23): 1153 – 1174.

[177] Solon G. A Model of Intergenerational Mobility Bariation over Time and Place in: Miles Corak, ed. , Generational income mobility in North America and Europe [M]. Cambridge: Cambridge University Press, 2004: 38 – 47.

[178] Solon G. Cross-countries Differences in Intergenerational Earnings Mobility [J]. Journal of Economic Perspectives, 2002, 16 (3): 59 – 66.

[179] Solon G. Intergenerational Mobility in the Labor Market [M]. Handbook of Labor Economics, 1999 (3): 1761 – 1800.

[180] Solow R M. A Contribution to the Theory of Economic Growth [J]. Quarterly Journal of Economics, 1956, 70 (1): 65 – 94.

[181] Swan T W. Economic Growth and Capital Accumulation [J]. Economic Record, 1956, 32 (63): 334 – 361.

［182］Taubman P. The Determinants of Earnings：Genetics，Family，and Other Environments：A Study of White Male Twins ［J］. American Economic Review，1976，66（5）：858 – 870.

［183］Tenenbaum H R，Leaper C. Parent – Child Conversationsabout Science：The Cocialization of Gender Inequities?［J］. Developmental Psychology，2003，39（1）：34 – 37.

［184］Torche，Florencia. Unequal butFluid：SocialMobility in Chile in Comparative Perspective ［J］. American Sociological Review，2005（70）：422 – 50.

［185］Weir S. Intergenerational Transfers of Human Capital：Evidence on Two Types of Education Externalities ［R］. CSAE Working Paper，2000.

［186］Willen P，Hendel I. Educational Opportunity and Income Inequality ［R］. NBER Working Paper，2004.

［187］Zhang X，Kanbur R. Spatial Inequality in Education and Health Care in China ［J］. China Ecomomic Review，2005，16（2）：198 – 204.

［188］Zhu G. Intergenerational Effect of Parental Time and Its Policy Implications ［J］. Journal of Economic Dynamics & Control，2012，37（9）：1833 – 1851.

［189］Zimmermann G. Is Child Like Parent：Educational Attainment and Ethnic Origin ［J］. Journal of Human Resources，2000，35（3）：550 – 569.